1

Herstellung und Verlag:
BoD – Books on Demand, Norderstedt
ISBN: 978-3-7526-6768-4

Vorwort 21.12.2020

Liebe Leserinnen und liebe Leser,

nach dem Jahr, ist vor dem Jahr – 2020 verabschiedet sich und 2021 rückt näher.

Nach einem seltsam zu Ende gegangen Jahr mit Lockdown und Einschränkungen, möchte ich nun den Fokus auf das Jahr 2021 legen.

Wie auch schon all die letzten Jahre, trägt das Neue – auch wieder Ziele und Vorsätze mit sich.

Ich freue mich, liebe Leserinnen und liebe Leser, Sie auf die Reise dieses Buches einladen zu dürfen.

Ich wünsche Ihnen eine angenehme und gute Reise durch dieses Buch der Belletristik, meines Sammelwerkes aus dem Jahr 2021, sowie ein gutes und gesundes Jahr!

Herzliche Grüße,

Christian Hofmann

Licht ins Land

Christian Hofmann, 2021

Inhaltsverzeichnis

Intro… (Geleit)

Part EINS

Es war einmal und es ist noch ein Traum
Texte schreiben, Gedichte –
Poesie und Musik, ich möchte später einmal
Auf all dies zurückschauen!

2021, 15 Jahre liegen nun seit dem Beginn hinter mir
Von der Idee – vom Konzept zu Papier!
Nun schreibe ich ein weiteres Buch in diesen Tagen
Denn noch immer liebe und lebe ich die Sprache!

Von einem Traum, einer Vision ergriffen
Manche Tage waren gut, manche beschissen!
Frustration und Depression –
Ich schreibe gegen sie immer und immer wieder an!

Doch dieses Buch, soll frei sein von dem Scheiß!
Ich halte das Negative fern
Halte weiter Ausschau nach dem Leuchten
Nach meinem Stern!

Rockmusik, Heavy Metal, Rap
Slapstick, Dichtkunst, Kabarett!!!

Leiharbeit, Gesellschaftskritik – EXITUS!
Mit euch bis hierher, damit nun Schluss!
Realität ist Realität! Fakt und beschissen sie ist!
Mein neuer Versuch, anders zu leben, bis was anders ist!

Part ZWEI

In meinem Leben gibt's nichts
Weder zu bewundern noch zu bestaunen!
Vieles gepfuscht, gekillt!
Inklusive meiner selbst!

Jedes Sortieren war ein –
Operieren, bei halbem Bewusstsein!
Immer mitten im Geschehen, manchmal kam es mir vor
Als würde ich nur danebenstehen!

Teile meines Lebens fühlen sich nicht an –
Wie die Teile meines Lebens!
Manches Mal ging ich blind, mal wie gesteuert!
Für Fehler bezahlt, Änderung beteuert!
Man, Christian! Warst du manches Mal bescheuert!

Jeden Morgen wache ich auf
Es hat sich nicht geändert!
Kopfschmerz bis Anschlag, von damals bis heute –
Hat sich bloß die Jahreszahl verändert!

Bin am Ende meiner Kräfte
Mein schwerster Kampf, der mit mir selbst!
Habe in dieser Drecksgesellschaft –
Längst schon den Preis meiner Gesundheit bezahlt!

Das schlimme Gefühl, dröhnender Schädel!
Manchmal glaube ich, mir explodiert der Kopf!
Herzrasen, Herzstechen, die Brust drückt –
Zum Beenden ist nirgends ein Knopf!

Licht ins Land (Gedicht)

Die Sonne scheint
Wirft ihr Licht ins Land
Der Baum wirft Schatten
Die Krähen picken am Grund

Kaum Wolken am –
Blauen Himmel zu sehen
Der Tag befreit sich aus dem Tau
Hervortreten wieder die Farben so bunt!

Das ist das Bild des –
Moments, des Augenblicks
Sogar Sonnenwärme fühlbar
In Winterskälte bei 8 Grad!

Wie problemlos und so –
Sorgenfrei doch dieser Tag
In den Morgenstunden noch scheint
Weil in Menschenleere, weil in Menschenleer noch
nichts begonnen hat

Lied der weißen Tauben (Gedicht)

Alle Kugeln sind aufgebraucht
Nebel verzieht
Die Sonne sie scheint
Weiße Tauben fliegen
Das Ende vieler Tode
Der Krieg muss vorbei sein

Das letzte Gewehr
Es fällt zu Boden
Noch leichter Rauch,
stößt aus dem Lauf der Flinte heraus
Das letzte Schrot
Es ist endlich vorbei
Aus dem Elend!
Das Ende jener Not!

Dies ist das Lied der weißen Tauben
Der Krieg ist aus
Zeit um
Nun Zeit für
~ Um an den Frieden zu glauben ~

Cut! (Ratgeber)

Abstrich
Cut! Restart!
Neubeginn
Mitten im Leben!

Wer sagt geht nicht!?
Ich sage geht!
Und wie man!
Sowas von, auf jeden!

Brauchst nur Mut
Und auch den Mumm!
Hand an den Hebel
Und lege ihn um!

Du brauchst die Zeit?
Dann nimm sie dir!
Überdenke, dann handle
Alles ist jetzt und hier!

Du willst –
In deinem Leben etwas ändern?
Dann musst du es tun
Nicht weiter im Nichts rumschlendern!

Alles was du willst
Und wonach du suchst
Kommt auf die Entscheidung an!
Also los, starte den Versuch!

Zukunftsleuchten (Gedicht)

Nasskalt, so grau und trübe
War einst die Zeit
Orientierungslos und gar
Undefinierbar fern und weit –
War ein Teil des Weges
Zukunftsleuchten lässt verblassen,
die Vergangenheit

So lasse ich mich darauf ein
Nur darauf –

Auf mich und den Moment
Auf den Moment und mich
Zu schätzen die Kostbarkeit
Eines kurzen Augenblicks

Ein Augenblick gefüllt mit;
Gefühl, Träumen und Zuversicht
Dann entgleite ich diesem Moment
Falle ins Jetzt und Hier zurück

Das Leben hat für eine gewisse Zeit
Den langen Atem angehalten
Ohne zu wissen was geschieht –
Und was auch die Zukunft bringt,
das Zukunftsleuchten ist zurück
Legt sanft die Hoffnung in den ruhigen Wind

Pack die Koffer (Songtext)

Eingeengt
Zu wenig Luft
Pack die Koffer
Verschaff dir Platz

Nimm dir Zeit
Drehe am Zeiger
Jetzt wird gelebt
Nicht mehr verpasst!

Bridge/
Öffne Tür und Grenzen, dir!
Stell die Weichen, jetzt geht's los von hier!
Breche auf, im Ritt der Welle
Befreie dich, lass los von Ort und Stelle!
Refrain/
Atme ein! Atme aus!
Hol dir – nimm dir, was du brauchst!
Es ist dein Leben, deine Zeit
Du bist ein Stern in der Unendlichkeit

Drehe deine Kreise
Befreit von allem
Was an dir zog und festhielt
Ist nun leicht und leer

Fass dir ein Herz
Habe den Mut
Schwebe in Leichtigkeit
Greif zu und nimm dir mehr!

Sternenbahn
Universums-Traum
Abzuheben und frei zu sein
Traut sich ein Mancher kaum

Pack die Koffer
Lass nun los
Worauf denn warten
Dein Leben – deine Reise, sie geht los!

Bridge/Refrain;
2x

Drei, Ei (Kindertext)

1,2
Ich bin der Hampelmann
3, Ei –
Ich mach' dir dein Programm!

Ich bin der Clown
Aus der Manege
Serviere Pommes-frites rot/weiß
Ketchup und Mayonnaise
Ich hampele herum
Starte eine Polonaise
Bum-di-Bum-di-Bum

Ei, Ei, Ei
Nun schaut mal her
Mein Hemd ist getränkt
Im triefenden, heißen Kroketten-Fett
Ach du lieber Schreck –
Sag mir bloß, sag mir bloß
Wie ich bekomm' ich das nun wieder weg!?

Tiger, Zebra, Löwe und Elefant
Katz und Maus, ich noch nicht fand
Wo ist die Raupe, der Affe der doch mit mir lacht!?
Ich schaue in den Spiegel, Gesicht verschmier –
Zum Affen habe ich mich selbst gemacht!

1,2
Ich bin der Hampelmann
3, Ei –
Weil ich gar nicht anders kann!

Zeit vergangen, Zeit verloren (Gedanken)

Ich schreibe mir Nächte um die Ohren
Zeit vergangen, Zeit verloren
Jage Träumen hinterher und nach
Bis ich mir sage; „Hey das war's"!

Jetzt fühlt es sich alles
Nicht richtig und so komisch an
So dass, ich es ich es hier nicht
Annähernd, treffend beschreiben kann!

Ich verlor jegliche Balance
Nun ist da die Distanz!
Die Zeit vergeht und macht nicht halt!
Nicht nur wegen dem Winter ist mir kalt!

Ich wollte nicht viel –
Nur das Eine, das große Ganze!
Jetzt liegen Scherben
Auf denen ich Trottel, nun versuche zu tanzen!

Ich wollte greifen
Nach dem großen Glück
Alles nun verloren
Langsam aber Stück für Stück!

*Der Knall (Achtung! RAP – PART) 1. Verstoß!

Arschgefickt!
Finanziell am letzten Ast!
Wenn du weiter nach unten fällst
Gibt's nix mehr woran du dich zu krallen hast!

Abstieg! Etage tiefer! Krokodil – sperr den Kiefer!
Ich zerlege mich, nehme mich –
A U S E I N A N D E R
Kein Witz! Kein Spaß – Bin kein Auswanderer!
Keine Langeweile, male keine Mandalas
Was ich brauche und zwar hurtig sind Dolly-Dollars!

Habe die Schnauze so gestrichen voll
Herz war mal riesengroß, nix mehr übrig von!
Löcher im Herzen, Leere Taschen
Wahrheit! Fakt! Fuck! Tatsachen!

Ich schreibe und reime um mein Leben!
So als würde, es keinen Morgen für mich geben!
Ich war nie auf den großen Bühnen!
Weder Preise noch Music-Awards!
Höre den Metal-Sound, doch kann keine Power-Chords

So oft „falschen Menschen" begegnet
Deren Abgang kein Verlust, sondern wahrer Segen!
Im neuen Jahr, setze ich neue Segel, gegen alles –
Werde zur Ausnahme bei aller Regel!
Immer ein Ohr für andere gehabt! Aufgeholfen
Schluss und Ende damit, Stopp gesetzt – Neuanfang!
Abrechnung! Ich beerdige von jetzt an!

Meine Wut und all der Hass
Ihn kippe ich hinein ins Pulverfass!
Samt den Idioten, die mir gestohlen –
Bleiben können!
Silvester! 2020/21 – Den Knall, den ich euch von
Herzen gönne!

*Leider doch ein negativer Text im Buch – aber was
soll ich sagen; So ist das Leben, es ist menschlich!*

*Wir planen und versuchen, wir gewinnen und
scheitern…wir fallen und stehen wieder auf!*

Kapitel 1: Winterskälte

Die Flügel der Zeit
Unsere Gefühle
Die Berufung
Kain und Abel
Im Grau
Auf der Strecke geblieben
Vorname
Gedankenseilen
3 Cent

- Zwischensequenz -

Weiter im Text
Winterskälte

Die Flügel der Zeit

Die Flügel der Zeit
Sie sind am Schlagen
Auf in Richtung Zukunft weit –
Ich lasse mich von ihnen tragen

Näher hin zur
Zuversicht
Aus dem Schatten
In das Licht!

Ich bitte dich Gott –
Bitte stehe mir bei
Denn mein Weg wird mühsam und steinig sein
Und dazu noch lang und weit

Ich will wieder hin zu glücklichen Tagen
Bitte glaube mir, wenn ich dies so sage
Hass, Wut, Kummer, Schmerz und Frust
Du weißt um mich –
Was ich nicht mehr erzählen muss!

Behüte bitte stets und sanft
Die Flügel dieser Zeit
Bestimmt bin ich nicht allein auf dieser Reise –
Das Ziel steht fest –
Auf in Richtung Zukunft weit

In mir lodert dieser Kampf
Von dem doch nur, du einzig weißt
Lass ihn bitte, bitte gut ausgehen
Feuerhitze und Kälte-Eis!

Unsere Gefühle

Ich verfasse und errichte
Stetig meine Werke
Tag für Tag, immer und immer wieder
Transportiere ich Zeilen voller Gefühle und Werte

Immer tief in diesem Werk
Ist es doch die Zeit, sie verrinnt
So sind und bleiben wir unser Leben lang doch
Stets beschäftigt, solange all die Sterne
In jeder Nacht noch über uns zu sehen sind

Wir schaffen, kreieren und machen
All jenes, was hier dann hinterlassen
Immer fleißig im Leben
Doch wirklich leben, tun wir nur nebenher –
In jener Pause, wenn wir –
unsere Werkzeuge zur Seite legen!

Was bleibt im Leben hier!?
Hier!
Dir?
Mir?

Wir erreichten Denkmäler
So wahrlich unendlich viele
Doch leben wir!?
Oder malen, zeichnen und beschreiben wir nur
Unser Leben und all unsere Gefühle!?

Die Berufung

Jeder Mensch auf Gottes Erden
Erhält eine Aufgabe
Bekommt eine Berufung

Meine hat mich ereilt
Ich habe sie erkannt, sie ist zweifelsohne
Das Schreiben!

Gottes Wege sind unergründlich
Sein Handwerk ist uns nicht sinnig
Meine Berufung ist, dass meine Hand diese
Schriften verfasst, dass ich schreibe

Ich hasse Ungerechtigkeit
Täuschung, sowas wie die Zeitarbeit!
Verträge aller List und Lug
Ich schreibe und sende euch dieses Buch
Schriftzug für Schriftzug!

Meine Wege führten durch
Industrie und Personaldienstleistung
Lügen und Intrigen, gesehen, erlebt
Ich schreibe die Wahrheit, als Gegenleistung

Diese Menschheit, diese Gesellschaft
Die dich, mich – uns alle lenkt und manipuliert
Denkt und glaubt, dass es ewiglich so bleibe
Doch ich sage, ihren Reichtum sie auch verliert!

Der letzte Tag, das letzte Hemd hat keine Taschen!

Kain und Abel

Kain und Abel
Sodom und Gomorra
Turmbau zu Babel
Das Abo der Ap(p)okalypse!

Gift in der Nadel
Mord und (Rat)schläge
Vom goldenen Kalb an der Gabel
40 Tage, 40 Nächte –
Einheit, Oberhäupter, Weltmächte!

Rosenkranz
Pfanddosen-Tanz
Tanz aus der Reihe, Tanz der Teufel
Bildhauer, Freimaurer!

Secret Service, Interpol
Spezialeinheit –
Im Hintern drin, tief im Po
Machtgeilheit!

Sintflut, Ende der Welt
Tag des ~ jüngsten Gerichts ~
Es geht lediglich ums Geld
Sonst ist nichts wichtig

Bundesgerichtshof
Kindesmissbrauch, heiliger Bischoff
Corona, Exitus – Das Ende und das Aus!?
Oder macht die Weltherrschaft auf unsere Kosten –
Ein großes Späßchen draus!?

Im Grau

Ich bin nur ein
Sternengucker
Lebensträumer
Querdenker und Freigeist
Wenig erreicht –
Durch Depressionen und Burnout
Völlig und total entgleist!

Chronisch keine Kohle!
Lifestyle fast second hand
Falsche Freunde, bleibt mir gestohlen!
Habe weder Gucci, noch fahre ich
Einen Benz oder Audi!
Spüre nur jene Wunde meiner Seele
Da brennt's und macht Autschi!

Der Blick zum Fenster raus
Regen fällt im Grau!
Ich denke nach, befinde mich
In Erinnerung, sie wirft wieder Fragen auf!

Was ist geschehen mit den Sonnentagen
Aus meiner Zeit? Sind verschwunden, vergangen –
Kommen sie zurück oder ist der Weg zu weit?

Keine klare Antwort finde ich auf jene Frage
Nur der Regen er fällt im Grau dieser Tage!
Momente vergehen, Bilder verblassen –
Erinnerung und Gegenwart –
Die nicht zusammenpassen

Auf der Strecke geblieben

Auf der Strecke geblieben
Tropfen auf dem heißen Stein
Letzte aller Versuchung
Bruch von Hals und Bein

Armut und Elend
Alles schon normal!
Statistik tut nicht weh
Im Diagramm die Zahl!

Es sind Menschenleben
Menschenseelen
Man will sie nicht alle retten
Weil manche nichts zählen!

Obdachlos und Taugenichts!
Aussteiger, Penner – dienen der Wirtschaft nicht!
Auf bei Alt und Jung, Senioren und Kinder –
Es kommt bei ihnen nix rum!

Das ist unsere Gesellschaft
Das ganz tolle großartige System!
Arbeitslos, Burnout, Depression – oh weh!
Dann hast du halt ein Problem!

Vorname

Nachdenken ist gut –
Doch eine Überdosis sie bringt Kopfschmerz!
Was weder gut für deinen Kopf,
noch für dein Herz ist!

Und ich… Ich denke zu viel
Was mir dann Kopfschmerzen bereitet
Nachdenklichkeit mein zweiter Vorname!
Frage mich, was mich dazu so verleitet!?

Denke! Bedenke! Gedanke! Überdenke!
Feine Zeilen schreiben, sind nicht nur Geschenke
Denn wie gesagt; Kopfschmerzen – sie bringen
Doch, nie mehr schreiben, wird mir nicht gelingen!

Freie Minuten, freie Zeit
In der Freiheit meines Seins
Da entstehen diese Reime!
diese Verse, jeder Psalm, diese Zeilen
Egal wie weit ich gehe, ich spüre, dass ich bleibe!

Alles geht, nix steht!
Zeiger der Zeit, der sich im Kreis bewegt!
So bin ich am Schreiben
Gedanken meines Tuns, unentwegt!

Gedankenseilen

Ich muss mich fast schon zwingen
In diesen Tagen, Zeilen schön zu schreiben!
Denn Freude und Fröhlichkeit
Mögen allzu gerne in der Ferne bleiben!

Das Jahr hat viel genommen, wenig gegeben!
Ist einfach so gegangen!
ich hänge fest in Gedankenseilen –
Muss ich hier so verharren!?

Alles andre als leicht –
Wenn es einem schwer gemacht wird
Doch ich beiße zurück!
Drücke der Schlange den Hals ab, ich schwör!

Schlechte Zeilen habe ich nun
Mehr als genug erlebt!
kein Tag mit Versuch zur Besserung,
der hier vergeht!

Ich bleibe hellwach
Augen auf – lenken den Fokus
So vieles was nicht geht
Aber doch gehen muss!

Regen fällt auch
Plätschert einfach vor sich hin!
ich weiß wo ich bin und verdammt nochmal!
Auch wohin ich will!

3 Cent

Das Jahr neigt sich dem Ende
Mit drei Cent im Geldbeutel
Vielleicht renne ich mal durchs Dorf, mit Klingelbeutel
Beim Glockenläuten!

So sammele ich mal Kollekte
Für mich und meine Tasche!
Nehme was ich kriegen kann
Alles was ich so erhasche!

Klingel-ling
Ding-Dong
Heilige Glocken
Bing-Bong
Dezember Weihnacht
Silvester – Ende des Jahres
Ich sammele ein, das war es!

Habt Erbarmen
Spendet doch mal einen Euro
Denn was soll ich sagen –
Das Leben es ist „teuro"!

Danach könnt ihr lästern
Fröhlich-fromm tratschen und das Maul zerreißen
Mit den scharfen Zähnen
Auf all die guten Taler beißen!

Zwischensequenz

Das ganze nennt sich Leben, ist auch gleichnamig ein
Buch meiner Sammelwerke…

In diesem Fall, habe ich ein kleines
„Motivationsprojekt" an Marburger Jugendhäuser
verschenkt. Endes meines Werkes, ein buntes Bild,
welches in Zeiten von Corona – Trost und Farbe –
spenden sollte…

Zwischensequenz II

Universitätsstadt Marburg

Hier ein gezeichneter Schriftzug von mir, als Anregung in Corona-Zeiten an schöne Tage in Marburg zu erinnern. Aufgeklebt hatte ich zwei Fahrkarten, denn die Stadt Marburg vom Bus aus betrachten ist auch sehr schön…

Für Jugendhäuser, um das Blatt weiter zu befüllen und zu einem „gemeinsamen Bild" fertigzustellen…

Zwischensequenz III

Mein Bühnenprogramm 2021…
Ebenfalls gibt es ein gleichnamiges Buch meiner
Entgegen der Zeit-Reihe – IM JETZT GEGEN DAS
NIE –

Zwischensequenz IV

Aus meinem Bücher-Archiv…
So sie sieht die Sammlung in einer Aufbewahrungskiste
auf…

Weiter im Text

Weiter im Text
Nächste Strophe, stimme sie ein
Melodie und Euphorie
So singe sie nun ein!

Lebensrausch
Lebensmelodie
Hart und klar die Worte
Aber auch, sanft und fein wie, Lyrik-Poesie

Ich rocke durch das Alphabet
Bis kein Schuh mehr an seinem Platze steht!
Spreche in Metapher, baue Brücken
Rein ins Boot, es ist reichlich Platz –
Alle Mann bitte mal rücken!

Es geht weiter im Text
Spalte für Spalte
Augenringe, Tränensäcke
Auf die nächste Falte!

Auf das graue Haar
Bis es weise wird und ausfällt
Auf Kommando!
Los, dreht die Welt!

Winterskälte

Frostig und kalt sind die Tage
Dunkel und kurz erscheinen sie noch dazu
In warme Häuser zurückgezogen
Bei himmlischer Ruh'

Doch die Kälte geht durch
Mark und Bein
Winterskälte
So kann der Mensch auch sein

In harten und kalten Zeiten
Verschließen wir neben Tür auch unser Herz
Begraben und bedecken so –
Unser mancher Schmerz!

Von außen nicht sichtbar
Das ist ganz klar
Doch an unserem Gefühl, an der Menschlichkeit
Ganz deutlich spürbar!

Winterskälte
Wir tragen sie und schleifen sie
Bis ins nächste Frühjahr
Gar noch weiter bis zum Sommer

In der Sommerwärme
Und unter freiem Himmel, sind wir frei
Doch es kommt auch wieder ein jener Herbst
Und die Winterskälte, sie eilt herbei!

Kapitel 2: Geschehen aus dem Leben

Das Arbeitsamt (Tatsache)
Die Schw(r)einerei (Tatsache)
Asthmatiker und Corona-Maske (Tatsache)

Weg vom Geschehen, zurück zur Poesie
Zwischen Paradies und Leben
Besessen

Das Arbeitsamt

Aufgrund dessen, dass ich gemeldet bin
Aktuell noch arbeitslos
Bekam ich Nachricht vom Arbeitsamt
Ich könnte arbeiten als Helfer, in der Pflege bloß;

Weil in Marburg ein Pflegeheim durch Corona –
Kein Personal mehr hatte
Schrieb man mir einen Brief,
ob ich aus der Pflege komme oder nicht, es sei Latte!

Durch Corona-erkrankte Mitarbeiter/innen
Herrscht Alarmstufe Rot im Heim
Politisches Versagen –
Stellt mal Personal, lohngerechter ein!

Dann müssen keine Bauarbeiter/innen
Oder Kaufmännischen Leute in die Pflegeheime
Doch Vaterstaat zählt nur –
Für die eigene Tasche, unzählig gierig Scheine!

Nicht, dass ich mir zu schade sei
Als Pflegekraft im Altenheim –
Es geht ums Prinzip und das ist Fakt!
Klatschen am Fenster, hat nix gebracht!

So erinnere ich mich ans Jahr 2020
Circa war es zur Sommerzeit
Reagiert seitdem wurde –
Politisch wie „total blau" und „extra breit"

Die Schw(r)einerei

Eine Schreinerei aus Marburg
Über die muss ich auch dichten
Weil sie Tatsachen verdrehte –
Die ich hier zur Wahrheit berichtige!

Das Türschloss war defekt
In der Mietwohnung in Bauerbach
Die Schreinerei nahm sich dem Ganzen an
Doch stellte sich am Ende heraus, es ist eine
Sch(w)einerei!

Kein Auftrag geschrieben
Kein Kostenvoranschlag erstellt –
Tür vermessen, Schloss getauscht und nur gesagt;
„Hausverwaltung hat bestellt"…

Der Vorfall war im Sommer
Die Bestellung traf ein im Herbst –
Zur Weihnachtszeit, Hellhörigkeit
Was jetzt kommt, es ist kein Scherz!

Mündlich sagte der Schreiner mir
Die Tür kostet 600,- Reparatur!
Die Hausverwaltung weiß Bescheid –
Denn sie sagte es zu, aber auch mündlich nur!

Das Ende des ganzen Spaßes
Die Rechnung nun über 1000 Euro zu bezahlen!
Die Schreinerei, Nähe der M-Straße –
Sind Gauner, wollt ich hier nur mal, vorwarnen!

Asthmatiker und Corona-Maske

Seit dem Tragen einer
MN-Schutzmaske bedingt dem Corona-Dreck
Bekomme ich schlechter Luft
Also lasse ich sie, weitgehend weg!

Der angebliche Schutz der Gesundheit
Hatte bei mir also gegenteiliges bewirkt!
Doch darüber redet die Öffentlichkeit nicht!
Vielleicht, weil es die oberen Damen und die Herren
Gar nicht sonderlich stört!

Ist ja nicht deren Leben!
ist ja nicht deren Lunge!
Ich habe die Schnauze voll vom Corona-Dreck!
Ich hüte hier nicht mehr die Zunge!

Bußgelder aufbrummen!
Verstöße ahnten und Staatsgewalt
Abstandsregeln, Isolation
Freiheitsberaubung!

Freunde und Bekannte
Alle soll man nicht mehr sehen!
Die aber wiederum dürfen und sollen
Täglich auf die Arbeit gehen!

Es geht hier lediglich um die Wirtschaft!
Ums Geld ums Kapital!
Der Mensch doch eh überflüssig, übermassig
Was macht schon die Erhöhung der Todeszahl!?

Weg vom Geschehen, zurück zur Poesie

Mein ganzes Leben gezeichnet, geführt
An Schattenhand
Ich frage, ich warte – wann fällt wieder
Licht ins Land!?

In was verankere ich meinen Glauben?
Seltsam sind die Tage –
Denn seit einigen Wochen, stelle ich das Leben
Mehr denn je in Frage!

Die Welt dreht sich
Das Geld bewegt sich
Von einem Konto auf das andere drauf
Schicksal, Werdegang, Lebenslauf!

Lügen werden verbreitet
Werden geglaubt, weil es die Presse so schreibt!
Wenn jeder nur noch Lügen glaubt
Wie viel dann noch von der Wahrheit bleibt!?

Ich stelle alles hier in Frage
Die Welt, die Gesellschaft, auch mich
Bei allem was ich hier verfasse –
Schreibe, denke, sage!

Ich möchte fort, weit hinfort dieser
Tristen und trüben Gedanken
Doch leider, ist dies die Realität
Alle Türen offen – nur die Wahrheit
Liegt verborgen hinter geschlossenen Schranken!

Zwischen Paradies und Leben

Das Paradies, so stelle ich es mir vor
Es existiert auf dieser Erde
Doch der Mensch ist zu verdorben –
Warum er es niemals sehen werde!

Im Ursprung allen Ursprungs
Wurde gegen ein Verbot schon verstoßen
Baum er Erkenntnis –
Doch diese, nein diese, hat der Mensch noch längst
nicht!

Hätte der Mensch die Erkenntnis
Würde er die Welt nicht so misshandeln
Die Erkenntnis wiegt nur darin,
schnell und großen Erfolg zu landen!

Ohne Rücksicht auf Verluste
Klimawandel, Erderwärmung – scheißegal!
Konsequenzen tragen
Unsere Kinder und deren Kinder, und deren Kinder, das
ist doch völlig klar!

Artensterben, Unwetter
Katastrophen, Seuchen und Viren
Die Erde ist das Paradies
Wenn der Mensch verschwunden ist,
hat es wieder seinen Frieden!

Besessen

Ich bin besessen
Vom Schreiben
Ich muss dichten, denken
In Zeilen sprechen und reimen!

Das Schreiben es ist wie Magie
Schon so viel verfasst, doch es endet nie!
Das Schreiben es hält ein Leben lang
Denn Berufung hält bis zum Ruhestand auch an!

Ich lebe
Drücke mich aus in Wort und Schrift
Sammelwerke der Literatur –
Bis man irgendwann nicht mehr ist!

Ich bin besessen
Meine Zeit ist begrenzt, bemessen!
Drum' schreibe ich so gern und wann ich nur kann!
Weil ich durchs Schreiben, besser existieren kann!

Licht ins Land

Christian Hofmann

Ich als Autor und leidenschaftlicher Schriftsteller, tue mich immer wieder schwer damit, mich an eigene Richtlinien und Konzepte zu halten.

Dieses Buch sollte eigentlich und genau das ist schon der springende Punkt „eigentlich" sollte es wie der Titel es schon besagt, LICHT INS LAND bringen.

Jedoch blühe vor Ideen und Eingebungen nur so auf, dass ich mich gar nicht festlegen kann, selbst wenn ich es wohl auch wollte.

Meine Gedanken, das Leben, Situationen und Momente geben mir so viel Anreiz, sie zu verschriftlichen, seien es negative oder positive Erlebnisse. Ich verfasse in Schriftstücke

Es zeichnet wohl meine Charakteristik aus, dass ich variabel und vielschichtige Seiten habe. Ein großer Traum, den wahrscheinlich jeder Autor oder jede Autorin im Leben anstrebt, ist ein erfolgreiches Stück zu schreiben. Einen „Bestseller" oder ein Stück welches in „aller Munde" sein wird.

Für meine Verhältnisse habe ich festgesellt, dass ich eher ein Kurzerzähler bin, das heißt; ich verfasse eher Reime in Art von Lyrik und Gedicht, denn für große Romane bin ich einfach zu ungeduldig, vielleicht ist es auch meinen Lebenssituationen zuzuordnen.

In meinem Leben habe ich viel gesehen, erlebt und ertragen.

Als schüchterner und introvertierter Jugendlicher und junger Erwachsener, habe ich nie „groß" über meine „Weh-wehchen" gesprochen.

Ich habe viel mehr Trost und Halt in der Musik gesucht und auch Gott sei Dank gefunden!

Seit dem Jahr 2006 verfasse ich nun meine Sammelstücke, ich habe nie einen Bestseller geschrieben, aber bei dem was ich schreibe, denke und fühle bin ich immer ich und immer ich gewesen. Das ist für mich die Erfüllung meines Schreibens.

Nicht anderer wegen Schreiben um zu imponieren, sondern schreiben können und dürfen um Menschen zu erreichen, ihnen

Verständnis und Zuspruch geben können, all das was ich selbst gesucht habe.

Ich kann keinen Roman schreiben, aber sehr gerne und auch frei von Reimen über das Leben philosophieren. Ich möchte meine Werke teilen, meine Texte sollen Trost und Halt vermitteln, aber auch in aller Deutlichkeit, wenn auch provokant oder etwas „derber" – warnen vor jenen Situationen oder jenen Menschen, sich alles genauestens zu betrachten!

Der Außenseiter von damals, schreibt und verfasst heute seine Bücher und es ist ein erfüllendes Gefühl!

Christian Hofmann, Winter 2021

Jahresabschluss!

Comic-Style ~ Texaner Sheriff Ghost-Skull
Skizze vom 25.12.2020

...Jahr für Jahr brennen die Kerzen

zur Weihnachtszeit, zum
Geburtstag ~

für alle Lieben, die nicht mehr
unter uns sind, die wir aber im
Herzen tragen...

Kapitel 3: Neujahr

Neujahr
Kein Mitläufer
Das Leben und der Tod
Titel
8 Stunden Elemente-Rausch
Für andere arbeiten
Diese Jahreszeit
ILFMT
Wasser

Neujahr

Festtage
Wie doch jedes Jahr
Die Wiederholungen
Eingespielt und festgefahr'n

Feiertage
Sie ziehen im Nu vorbei
Neujahr
Hängt sich gleich hinten an dabei!

Wieder ein Jahr vorüber
Neujahr – Geburtstag, eine weitere Kerze
Am Geburtstagstisch –
Doch du fehlst, was schmerzhaft,
doch nicht zu ändern ist!

So brennen die
Kerzenlichter
Jahr für Jahr –
Doch nichts ist mehr so,
wie es einmal war!

Kein Mitläufer

Verspüre Leid und Last
Am ganzen Leib
Schmerz und Qual getragen
Lange Wege weit!

Im Schreiben, ich ein Mittel –
Gegen die Schmerzen fand
Kummer, Dreck, Ballast
So mein ganzer Weg begann!

Viele Schritte bis zum Jetzt!
Ich legte sie zurück!
Jeder war ein harter Kampf –
Gewonnen an der Straße, um jedes kleine Stück!

Lange Zeit vom Pech verfolgt
Das Glück, es blieb so lange verwehrt!
Scheiße tritt sich schneller breit –
Als wie das Glück sich vermehrt!

Aus dem Schreiben wurde eine Eigentherapie
Aus Therapie – Leidenschaft zur Lyrik und Poesie!
Heute schreibe ich aus Leidenschaft –
Glaube nicht, dass ich jemals das Schreiben zu
meiden schaff'

Ich bin kein Mitläufer, kein Mitschwimmer!
Halte gegen den Strom an –
Bin ein Nichtschwimmer!

Auf in Richtung Sonne
Wollte ich schon immer!
Wenn nix mehr geht, wird's meist –
Noch schlimmer!

Alles erlebt!
Erfahrungswert!
So war es bisher
Schon immer!

Das Leben und der Tod

Das Leben und der Tod
Er gehört ins Leben, wie das tägliche Brot!
Armut – Elend – Krieg und Leid und Not!
Missstand! Wir leben in Alarmstufe glühendrot!

Wir leben so, als gäbe es keinen Morgen!
Doch wir wollen alle älter werden
Kein Beistand! Bloß Kummer, Trauer und Sorgen
Unsere Welt sie ist am Sterben!

Beim Sterben ist nicht der Tod –
Das Schlimme an sich!
Sondern es ist die Lücke, die entsteht
Die man hinterlässt!
Denn der Tod kommt eines Tages!
Das ist gewiss!
Schlimm ist es dann für die Menschen –
Denen man am Fehlen ist!

Wir führen Kriege –
Anstatt der Liebe!
Hegen Missgunst und Neid!
Die Gestaltung unserer Zeit!

Und wenn der letzte Tag sich nähert
Verspüren wir Reue, bekommen Angst!
Doch wenn etwas zu spät ist –
Ist es, was du nicht mehr ändern kannst!

Titel

Was beschreibt ein Titel
Wenn der Titel nur den Titel
Titel trägt!?

Füllt er trotzdem Zeilen aus?
Oder sagt er so gut –
Wie doch gar nichts aus!?

Titellos –
Gebt dem Kind einen Namen!
Alpha und Omega –
Anfang und Ende, Amen!

Genesis
Origin
Der Ursprung –
Allen Ursprungs

Die Ur-Zeit
Ur-Menschen
Den Titel, den wir
Doch verwenden, den sind wir am
Zerstören und am Verschwenden

Denn der Titel
Den wir alle tagen –
In unser aller Namen
Nennt sich doch ganz einfach

LEBEN

8 Stunden Elemente-Rausch

Das Schreiben
Das Zeichnen
Das Schöpfen und Kreieren
Ist für mich mehr als nur; Selbst auszuprobieren!

Ich schreibe zu gern
Ich zeichne meinen Stil
Ideen kommen und sammeln sich
Mindmap, Platz frei – da kommt noch mehr
Dabei ist es schon so viel!

Das ist für mich ganz einfach so;
„Mir gehen die Ideen nie aus"!
Das ist wie ein Arbeitstag für mich!
Das ist – 8 Stunden Elemente-Rausch!

8 Stunden und weiter drüber hinaus
Das ist meine Arbeit, mein Beruf!
Ich lebe mich aus –
Schreibe es raus, für jene zum Lesen
Für jene zur Ansicht
Während ihr dies liest, bin ich bereits bei
Meiner nächsten Schicht!

Das ist meine Berufung
Mein Werk, mein Tun!
Am Schreibtisch Gedichte verfassen
Und zudem gelegentlich Karikaturen

Für andere arbeiten

Warum ich nicht mehr für –
Andere arbeiten mag!?
Es kostet meine Kraft und Energie
Jeden neuen Tag!

Bestes Beispiel
Die Zeitarbeit, Personaldienstleistung
Ich maloche, die machen Reibach
Ich – verheize mich!

Damals noch mit 17 Jahren
Im Irrglauben, voller Elan und Tatgendrang
Wollte was lernen, was erreichen –
Doch fette Kohle, auf meiner Lasten Knochen
Wollen sich Manager und Räte einstreichen!

Es geht lange nicht mehr darum
Fleißig, eifrig, seine Arbeit zu vollbringen
Sondern lediglich –
Sich irgendwie am Arbeitstag über Wasser
Und nicht über die Klippe zu springen!

Verlogen und falsch
Sind so viele Unternehmer, Personalchefs –
Wie sich ja fein nennen
Überlebenskampf, Arbeitsplatz –
So wie wir ihn alle doch längst kennen!

Diese Jahreszeit

Innere Ruhe und Gelassenheit
Ist in diesen Tagen
Zu dieser Zeit
Ganz fern und ungreifbar weit!

Düsteres Wetter
Dunkelheit –
Legt sich über Tag und auch über mich
Macht sich lang und breit!

Ach, wie freue ich mich –
Auf das Frühjahr!
Wenn alles wieder blüht
Und wenn die Sonne wieder lange Stunden
Auf die Erde scheint!

Mir fehlt das Licht
In dieser dunklen Jahreszeit
Später Herbst und Winter
Sie werden niemals, meine Kinder!

November, Dezember, Januar
Gehören dazu, es ist mir klar!
Doch die Erinnerung in dieser Zeit
Liegt im Sommer zurück, bis er wiederkommt –
Das Frühjahr die Vorbotschaftszeit!

ILFMT (In Liebe für meine Tochter)

Mein Kleines
Mensch wie die Zeit vergeht
Du lernst, du wächst
Deine Zeit sie blüht, meine wird welk

Mein Leben ist nun
Schon viele Tage alt
Aber du mein Sonnenkind –
Entdeckst nach und nach, erst diese Welt

Deine kleine Händchen
Sie werden größer und du wirst stark
Meine Haut wird rissig –
Der Lauf des Lebens, man ist jung und wird alt

Dein kleines Lächeln
Jeder Blick in deine kleinen Äuglein
Sagt mir tief im Innern –
Möchte ich doch so gern, die beste Form,
meiner selbst sein!

Da ist dein Papi und
Auch dieser Dichter
Immer und stetig im Gefecht –
Und mein Gefühl, ist ein viel zu harter Richter!

Eines Tages
Kannst du mich vielleicht einmal verstehen
Manches Mal, da würde ich doch so gern
Von mir selbst fortgehen!

Wasser

Wasser –
Wasser fließt im Fluss
In diesem Fluss der Zeit ist auch die
Quell' des Lebens

Wasser, Erde
Staub und Dreck
Gott sagte – der Mensch er werde –
Und nach dem Tod ist er hier weg!

Ist die Erde?
Zwischenstation und Erbe?
Ist das Paradies im Tod vollkommen?
So viele Fragen, die mich überkommen!?

Wasser
Quell' des Lebens
Auch das Licht, des Lichtes Schein
Soll den Menschen führen, mit auf dem Wege sein!

Wasser, Erde
Luft und Staub
Bäume, Pflanzen, Atmosphäre
Mensch und Tier, Gesellschaftslehre!

Tiere töten
Aus Trieb und Hunger
Der Mensch er tötet
Wegen Trophäen und Erkennungsnummer!

Kapitel 4: Sequenzen

Tagesgeschäft
DLIB
2020 in Kurzform
Müllverbrennung
DIN

- Zwischensequenz –

Eastside, Westside
Zwischen den Sekunden
Gleicher Ablauf

Tagesgeschäft

Draußen auf den Straßen
Zwischen Bordsteinkante und Tankstelle
Zwischen all dem Müll und Dreck
Und der ganzen Tank-Welle

Dort suchen die nach Resten
Kippenstummeln und Pfandflaschen
Traurige und gezeichnete Gesichter
Die sich irgendwie versuchen aufzuraffen!

Kurze Hosen und Zerrissenes Hemd
Inmitten vom kalten Wintermoment!
Traurigkeit macht sich in mir breit!
Was für ein Gesellschaftsbild, direkt vor Augen –
Entfernt, gar nicht weit!

Und im TV läuft irgend so ein Dreck!
Und da draußen in der Realität
Schaut man mit offenen Augen –
Doch man schaut einfach nur weg!

Hauptsache die Glotze läuft
Weil der Sender abkassiert!
Diese Gesellschaft ist –
Längst schon, ganz lange in Klassen serviert!

Billiges Fleisch, Sonderangebote
Allen Dreck stopft man sich rein –
Aber teure Uhren, teure Autos
Das muss Sparen am falschen Ende sein!

DLIB

Tageszeitung –
Wer hat sie schon und muss nochmal?
Kauf den Mist, kauf den Schrott!
Es steigert die Auflagezahl!

Drin steht nur Mist
Doppelt und dreifach unterstrichen
Diese Tageszeitung dient nicht einmal dazu –
Sich den Arsch damit abzuwischen

Übertrieben und skandalös
Diese Artikel, sie sind nicht gerade seriös!
„Ich lese sie nicht" – dieser Satz von Vielen steht –
Keiner bezahlt, aber jeder weiß was doch darin alles
steht!

Sie hat doch ihre festen Feinde
Menschen die sie so gerne zerreißt –
Somit der Öffentlichkeit an den Pranger stellt!
Um Niveau und Moral, ist es bei dieser Zeitung
Nicht gerade hoch bestellt

Hauptsache Schlagzeile
In der Tageszeitung
Ob gelogen und erfunden – alles Lumpe!
Es wird gerührt die Lügesuppe!

2020 in Kurzform

Corona
Corona
Covid 19
Maskenpflicht

Corona
Corona
Lockdown
Nichts was da zu machen ist!

Corona
Corona
Covid 19
Nudeln und Klopapier

Corona
Corona
Covid 19
Ausgangssperre, dort und hier!

Corona
Corona
Weihnachten
Virus-Mutation

Corona
Corona
Covid 19
F**K dich doch du HUSO

Müllverbrennung

Mülltrennung
Müllverbrennung
Sondermüll und Abtransport
In arme Länder mit dem Schrott

Der Mensch produziert –
Ein Berg von Müll
Das ist alles was er wohl kann
Kommt denn auch hier irgendwann

Licht ins Land!?

Massentierhaltung
Massenveranstaltung
Der Mensch ist Massenware
Angebot und Nachfrage!

Verheizen, verkohlen
Verschiffen, neu holen!
Der Mensch ist flexibel – austauschbar
Nur einer ist schuld, wenn der Gar aus war
Kommt denn auch hier irgendwann

Licht ins Land!?

Papiere, Verordnung, Anweisung
Sortiertes, zertifiziertes Regelwerk
Im Fall der Fälle, da blickt keiner durch
Hochgestapelt die Probleme bis zu einem Berg!

DIN

Pi mal Daumen
Kreuz und quer, so ungefähr
Verstoß gegen Verbot
Nach UVV-Kontrolle, macht man es nicht mehr

Ausnahmsweise mal so machen
Ausnahme dann bei Routine belassen!
Arbeitsschutz und Arbeitssicherheit
Solange nix passiert, kein Schwein das schreit!

Unsere tolle DIN
Deutsche Industrie Nichts-Nutz-Norm
Besteht und lebt
Dargestellt täglich in der besten Form!

Warum denn Arbeitssicherheit
Passiert doch nix, bis halt Einer schreit!
Lass einfach liegen jeden Dreck!
Wenn nix passiert, räumt es schon jemand weg!

Lass Feuerlöscher auf dem Boden stehen
Kann man doch drüber hüpfen, springen und
weitergehen!

Warum denn Fensterscheiben und
Glastüren bekleben, so unnötig beschmieren!
Wenn jemand mit der Nase dagegen fällt –
Wird er wohl nicht noch einmal ausprobieren!

Zwischensequenz I – *„Kabelsalat"*

Zwischensequenz II – *„Keine Bange! Hält!"*

Zwischensequenz III – „*Vorsicht Strom*"

Zwischensequenz IV – „*Profis am Werk*"

Diese Bilder der Zwischensequenzen
Sind alle aus dem Berufsleben …

Und wo diese Aufnahmen gemacht wurden,
da entstanden noch mehr

Eastside, Westside

Eastside, Westside
Norden oder Süden
Seid gegrüßt, wo ihr auch alle
Denn nun gerade seid!

Werbung, Unterhaltung
Worldwide, Website
Handgruß
An alle nah und fern und weit!

Daumen hoch, Start und los
Renne ich oder
Bleibe ich am Fleck hier bloß!?

Downtown, Uptown
Los man, lass uns abhau'n
Zu den Zielen fern
Um die Träume aufzubau'n

Nordsee, Ostsee, Südsee
Mittelmeer, Karibik – kein Land mehr!
Inselstrand, Wasserstand
Wassersport, Wasser hier und Wasser dort!

Fernweh, Heimweh
Meerweh –
Einweg-, Mehrwegpfand
Ein Weg zum Meer, den ich doch fand!

Zwischen den Sekunden

Zwischen den Sekunden
Vergehen Minuten in Stunden
Sekundzeiger drehen sekündlich
Ihre 60-Schläge-Runden

Und zwischen den Sekunden
Das Ganze ist Leben
Die Uhr tickt –
Während wir unsere Schritte treten

Unser Leben
Gefestigt in einem Uhrenwerk
Zahlen, Striche und Zeiger
Klassisch, Retro, Modern –
Die Zeit sie geht, immer und immer weiter!

Die Räder der Windmühlen drehen sich
Die Reifen befördern das Automobil
Alle Kreise zirkulieren –
Unsere Lebensreise vom Anfang zum Ziel

In unseren Etappen
Da läuft nicht immer alles rund
Das ist aber nicht schlimm –
Denn rund, läuft es zwischen Sekunden
Auf festem Ziffernblatt-Grund

Gleicher Ablauf

Jedes Jahr –
Somit als Jahr für Jahr
Immer der gleiche Ablauf
Alle stürmen die Supermärkte und suchen sie auf

Zur Weihnachtszeit
Zur Osterzeit
Bei Brückentagen
Um zu überbrücken jene Feiertage

Gedrängel an den Kassen
Menschen stürmen in Massen
Dabei geht doch nicht einmal die Welt hier unter
Die Menschen treiben es wie die Farbe,
dennoch aber etwas bunter!

Es wird gekauft
Es wird gefüllt der Einkaufswagen
Denn die Welt steht still
Für abzählbare Feiertage!

Doch jedes Jahr
Und so ist und bleib es Brauch
Stürmen die Menschen in die Supermärkte
Jedes Jahr, der gleiche Ablauf!

Diese Routine und Gewohnheit
Ist ja auch irgendwo beruhigend
Denn dieser Stress und diese Hektik
Sind ja wohl schon eine Tugend

Kapitel 5: Schatten ins Land

Kontrollverlust
In Vereinigung
Der Kopf vergisst nix!
Lichtblick
Finsterer Himmel
Wahrnehmung

Fragen an die Depression
Ein nächster Sommer

Kontrollverlust

Eisige Kälte
Es ist grau und trüb
Es trägt mir fühlbar
Auf das Gemüt

Der Winter er bedeckt –
Herz und Gefühl
Verzweiflung und Kontrollverlust
Mein Versagen ist sein Ziel

Ja ich weiß
Ist es doch alles nur im Kopf
Der ist voll beladen, jetzt kommt noch eisige Kälte
Mir ist kalt in diesen Tagen!

Frost, bittere Kälte
Tage voller Dunkelheit
Ich habe genug, echt genug!
Herz zerbricht, Seele schreit

Die Depressionen erbringen
Keine schönen Geschichten
Doch ich kann so viel –
Und stetig von ihnen dichten!

Zu viel Gefühl in mir
So kalt – wie die Farbe blau
Freue mich auf das Frühjahr
Auf den ganzen Wintertau!

In Vereinigung

Jeden Morgen erwache ich
Mit betäubtem Gefühl
Mein Körper ist verspannt, verkrampft
Kopfschmerz! Er vergeht scheinbar nie!

Druck auf der Brust und
Auf den Augen –
Begleiterscheinung Psychosomatik – Depression
Negatives Empfinden in Vereinigung

Keinen Morgen erwache ich
Ohne Gedanken in meinem Kopf
Es gibt kein Stopp! Kein Reset!
Es bleibt auf Dauer-Play der Knopf!

Verspannung bis zum Anschlag!
Kälte zieht durch mich durch!
Nerven kribbeln unter der Haut
Alles andere als schön, doch lange schon vertraut!

Das wird wohl auch nicht mehr besser
Nur mein Schlaf ist etwas fester!
Raue Luft auf der ganzen Lunge
Alles was bleibt, die Wörter meiner Zunge!

Ich wage zu behaupten
Bin so ziemlich im Arsch!
Tinnitus und Kribbeln im Kopf –
Weiß nicht mehr den letzten Tag
An dem es nicht so war!

Der Kopf vergiss nix!

Warum schmerzt mir –
Der Kopf so sehr?
Warum habe ich so oft das Gefühl
„Ich kann nicht mehr"!?

Mein Kopf rattert
Wie eine vollgepackte Festplatte
Mit Bildern gespeichert –
Die ich doch längst verdrängt hatte!

Bin wieder in dieser fiesen Spur
Play and rewind! Ständig wieder von vorn!
Vielleicht ein paar gute Momente
Doch ich habe mich immer mehr verlor'n!

Schief die Bahn, ins Abseits gefahr'n
Nur der Blick nach oben allein –
Ein tiefer Fall
Am Ende meiner Kräfte, laut der Knall!

Lautes Krachen in der Nacht
Wieder um den Schlaf gebracht
Schlecht geträumt, wie schon so oft!
Auf bessere Zeiten habe ich sehr gehofft!

Lichtblick

Ich warte auf den Moment
Mit einem Lichtblick
Dann bewege ich mich ganz geschwind
Und schaue nicht mehr zurück!

Die Depression ist ausgebrannt
Bewege mich glücklich im Licht vom Land!
Ganz behutsam, ganz besinnt
Ich genieße die Zeit, die von nun an beginnt!

Ich warte auf den
Lichtblick
Bis die Dunkelheit im Schatten
Traurig auf mich zurückblickt!

Ich genieße diesen
Lichtblick
Wenn die Hoffnung und das Glück
Wieder Glanz und Farbe kriegt!

Das Wandeln durch –
All die finsteren Tage
Das Leid, der Kummer
Tragödie und Plage!

Und die Ratten, sie folgen mir
Denn sie wollen mich
Doch sie sind nicht für das Licht bestimmt!
Nein! Das sind sie nicht!

Finsterer Himmel

Schwarze Raben, finsterer Himmel
Hell erstrahlt des Mondes Licht
Ich wandere durch Dunkelheit
Doch höre sie krähen, ganz allein bin ich nicht!

Der Vollmond wirft sein Licht
Durch die Wolken bis zur Erde
Bevor ich zu Staub zu verfalle
Ist es leben, was ich werde!

Schwarzer Himmel
Lichterschein in der Finsternis
Die Raben kreisen und sie schreien
Bis das Morgenlicht zu sehen ist

Der Tag erwacht
Nun schläft die Nacht
Dunkelheit vertrieben vom hellen Licht
Die Raben, ich höre sie nicht!

Sie sind verzogen, weggeflogen
Geschöpfe der Dunkelheit
Kehren zurück in den Abendstunden
Wenn das Mondlicht wieder scheint!

Wahrnehmung

Die Wahrnehmung ist –
In Depression eine ganz seltsame
Realität bleibt da doch färbt sich
In monochrome Art!

Das Leben ist dasselbe
Doch die Besinnung ist vernebelt
Verdichtet –
Gefühle sind belegt und verwirrend!

Es ist die Kälte dieser
Herbst und Wintermonatszeit
Wie betäubt, Trauer und Kummer
Machen sich im Gemüt der Seele breit

Es ist so schwer zu beschreiben
Grau der Himmel ohne Farbe ohne Sonne
Keine Wolke
Ein weiter Blick ins nichtige Grau!

Es bringt mir Gefühle von
Tod und Verlust
Sinnlosigkeit
Schmerz, Beklemmung und Verdruss!

Seltsam, gehört doch diese Zeit
Auch ins Leben mit dabei
Ich werde niemals mit ihr Frieden schließen können
Zu viel Qual und Trübsinn, habe ich –
Ist sie in der Nähe mein!

Fragen an die Depression

Woher kommst du, wie entstehst du
Was bewirkst du tief in mir?
Spürbar, fühlbar – ist da ganz klar
Ablehnung und Abneigung

Warum bist du so stark –
In meiner Angst, in meinem Zweifel?
Warum bist du da
Im Herbst und Winter und trägst ein mieses grau?

Was willst du von mir, warum nährst du von mir
Warum gerade denn bin ich es?
Ich sehne mich zur Wärme ja –
In unseres Gottes – warmen Lichtes

Ich möchte hüpfen und springen
Auf der Wies des Heilands, möge er Sonne bringen
Möge dein Erdrücken, dein lästiges Gefühl
Doch endlich mal im Keim ersticken!

Doch weiß ich –
Bist du und bleibst du dieses Leben lang,
ein Teil von mir
doch im Frühjahr und Sommer
Dann, bestimme ich wieder hier!

Was willst du, warum hast du mich gewählt?
Weil ich weiß was Leben ist!?
Hat meine Tiefgründigkeit, meine Erkenntnis
Mich so also ausgezählt!?

Ein nächster Sommer

Ein nächster Sommer
Er wird kommen, ganz gewiss
Kein Grau wird bleiben –
Denn nichts, bleibt jemals wie es ist!

Und so freue ich mich jetzt schon
Auf die schönen warmen Stunden
Wärme auf der Haut –
Dieser herrlich schönen Sommerstunden

Wenn die Sonne wieder scheint
Und alles am Blühen ist
Bei 29 Grad
Wie schön allein, diese Vorstellung schon ist!

Meine Zeit
Das ist und bleibt der Sommer für alle Zeit
Warme Sommerluft
Spürbar, fühlbar über Land und Meer so weit

Winter –
Deine Zeit neigt sich dem Ende zu
Ich winke dir schon einmal
Und begrüße das Frühjahr, hallo du!

Mit dem Winter geht auch –
Wieder ein Teil depressiver Lebenstage
Ich gleiche sie aus im Sommer
Das ist gar keine Frage!

Kapitel 6: Dichtkunst

Dichtkunst
Ostern
Unser Kindlein
Land ins Weiß
Edelweiß und rote Rosen
Markstück

Dichtkunst

Des Frühjahres blühende Früchte
Sind des Sommer erste Boten
Die ersten Sonnenstrahlen
Vom Himmel hoch, auf den Erdboden

Alles erwacht
Blüht auf in voller Pracht
Wenn das Leben wieder blüht und lacht
Dann;

Dann ist es Zeit für dich und mich
Also Leben, für uns –
In deinen schönen Farben
Erweckt auch wieder meine Dichtkunst

Ob klassisch, alt
Oder in glanzvollem Stil
Das bestimmt dein Tag
Und mein Lebensgefühl

Mal dichte ich jung, naiv und
Blauäugig schön
Dann mit der Erfahrung, weise
Vortrefflich auf den Punkt gebracht –
So dann auch anzusehen

Ostern

Es ist die Zeit
In der doch das Wunder Christi geschah
Die Kreuzigung
Und die Auferstehung

Jedes Jahr feiern wir
Dieses Fest
Karfreitag, Osterwochenende
Dass niemand mehr, es ist vergisst

Jesu
Ist für uns am Kreuz gestorben
In unser aller Sündentaten
Was haben wir daraus gelernt aus –
All den vielen, vielen Jahren!?

Wir alle
Doch jeder für sich
Wir alle tragen Gottes Früchte
Und sagte er, fürchte dich nicht

Und so feiern wir
Jahr für Jahr das Frühlingsfest
Osterzeit
Ich wünsche mir Frieden!
Jetzt – für immer
Für alle Zeit!

Unser Kindlein

Unser aller Kindlein
Es noch die ganze Welt entdeckt
Mit Kinderaugen
Ehrlich und frei, nicht verdreckt

Doch was haben wir
Was hat der Mensch getan?
Diese Erde verdorben,
beschmiert, befleckt

Wir sollten alle mal wieder
In uns hineinschauen
Fühlen und sehen diese Welt –
Wie es tun doch ehrlich, diese Kinderaugen

Unsere Kinderlein
Sollen leben und unsere Zukunft sein
Wenn ich mir die Welt anschaue
Meinen Augen, denen ich so oft nicht traue

Es sind unsere Kinder
Und wenn ich so viele Menschen sprechen höre
„Dass du an all dem nichts ändern kannst"
Ja!
Ja, ich habe um unsere Kinder Angst!

Land ins Weiß

Der Schnee er färbt doch –
Das Land ins Weiß
Die Welt sie dreht sich
Im gewohnten Kreis

Froh und munter
So rieselt leis' der Schnee
Flöckchen für Flöckchen
Das Winterbild-Geschehen

Das Bild der Landschaft
Es gleicht einem Tiefschlaf
Wintermärchen von –
Tag bis in die Nacht

Die Kinder erfreuen sich
An dem weißen Traum
Die Welt ist ganz in weiß gepudert
Der Anblick, zu glauben ist es kaum!

Edelweiß und rote Rosen

Das Leben es ist wie
Edelweiß und rote Rosen
Kleidertracht und Dirndl
Brezel, Weißwurst und Lederhosen

Der Duft frischer Blumen
Im Anflug eines Windes
Herrlich geborgen, wohlgesonnen, fein
Wie das Leuchten der Augen eines Kindes

Noch einmal im Leben
Diese Welt durch Kinderaugen sehen
Hände an den Globus –
Und los! Schneller in um die Wette drehen!

Fleißig, mühsam lernen und
Achtung vor dem Leben haben
Das Gefühl noch einmal fühlen
Aus den frühesten Kindertagen

Edelweiß und rote Rosen
Wurden zu Disteldorn und Konservendosen
Heimatfilm – ist heute Tragik-Melodram
Damals lebte man, heute braucht man Programm!

Markstück

Ich erinnere mich zurück
Sparte Markstück – für Stück!
Damals war eine Mark noch eine Mark!
Gefreut über Geschenke am Weltspartag

Hinterher im Lebenslauf
Wurde die Mark eingesetzt und eingetauscht
Für Videospiele und Magazine
Das Papier, führte mich schon immer an der Linie

So kaufte ich die Magazine
Hatte ich sie gelesen, so wurden sie zur Sammlung
Aufbewahrt
Viele schöne Stunden, doch im Alter habe ich sie,
ins Altpapier verlagert

Ich denke hin und wieder
Gerne mal zurück an diese Zeit –
Missen will ich sie nicht
Sie gehört zu mir, ist auch von mir ein Teil

Die Erinnerung, so trage ich –
Sie immer stetig mit mir mit
Was wir tief in uns tragen,
es kommt – und nimmt uns niemand, jemals weg!

Bonusmaterial

Texte in RAP-PARTS verfasst:

Einsamkeit Part 1
Ausreden Part 2
Schneesturm Part 3

Dichtkunst in verschiedenen Formen:

Eisigkalt (Depri)
Entgegen (Slam-Format)
Wer bin ich? (Philosophie)
Matte auf dem Kopf (Slapstick)
Glückspilz im Pech-Gebiet (Depri)
Es sind diese Lieder (Motivation)
So zeitlos (Zeit)
Traurigkeit (Depri)

Abschlusstexte mit Ausblick in 2021:
LITERATOUR
IM JAHRESWECHSEL

Einsamkeit Part 1

Erinnerung zurück an
All die Tage voller Dunkelheit
Verbrachte die Mehrzahl meiner Jahre
In der Einsamkeit

Wenn auch die Jahre hinter mir verblassen
Die Vergangenheit, sie hat mich
Niemals losgelassen
Abgefuckt von Problemen aus meinem Leben!

Vollgestopft mit Kummer
Belastet von all den ganzen Sorgen
Mit Tränen im Blick, richtete ich ihn doch
Immer wieder auf einen neuen Morgen!

Ich habe mehr als nur
1000 Tränen fließen lassen
Heute kann ich ganz schlecht nur noch welche zeigen
Denn ich kann sie kaum mehr zulassen!

Tränen habe ich nur noch
Für die Menschen die ich liebe, hin bis in alle Ewigkeit
Bis letztlich nix mehr da ist –
Bis einfach nix mehr übrigbleibt!

Ausreden Part 2

Ein Mensch braucht Träume
Und er braucht auch Ziele
Es gibt nie genug, denn;
Es gibt so viele!

Doch setze die Ziele
Besser nie zu hoch!
Ich weiß warum ich diese sage
Denn ich ließ von viel zu vielem dafür los!

Gesunde Portion Träume
Die Dosis sie muss stimmen
Lass sie nun frei –
Sie sollen dich durchs Leben bringen

Mir wurde schon des Öfteren gesagt
Wovon ich träume, davon träumen schon zu Viele
Ja und!? – Schön! Ich bin aber ich!
Und deren Liga ist auch meine, in der ich spiele!

Lass dir keinen Mist einreden!
Lass dir deine Träume nicht ausreden!
Gib niemals auf, denn nur wer aufgibt –
Verliert und verstrickt sich in Ausreden!

Auch wenn sie dir sagen
„Die werden dich niemals auf der Stage sehen"
Mach dein Ding! Und lass dir nix –
Von irgendwelchen Pfosten etwas erzählen!

Schneesturm Part 3

Hook:/Intro: Ich breche auf
Mache mich durch den Schneesturm
Wie ein Schneepflug!
Ich werde zur Lawine, ich starte für den Abflug!

Ich bringe das Feuer
Und ich hinterlasse nur noch Asche
Ich glaube keine Lügen –
Weil ich mich nicht verarschen lasse!

Das Leben –
Es ist Treibsand
Schwer zu betreten
Doch ich halte euch auf Abstand!

Euer Charakter ist
Dunkler als jede schwarze Nacht!
Alles von mir mitberechnet
Die Quittung der Rechnung, für euch gemacht!

Manches im Leben ist
Eine dreckige Spielerei, Heuchelei
Ihr verkauft es als Zauber!
Denkt ihr seid wahre Magier dabei!

Dabei könnt ihr bloß betrügen
Mit jeder eure Worte sprecht ihr Lügen
Ich breche sie euch gern in meinen Texten
Das ist mir ein Vergnügen

Eisigkalt

So marode schaut das Haus –
Von außen aus
So schaut es manchmal
In mir drinnen aus!

Die Winterkälte
Beißt sich durch Haut ins Herz
Eisigkalt und so bitter
Schmeckt der Schmerz!

Ich warte auf den Sommer
Im kalten Winterzug
Auf den Sonnenschein
Auf die warme Temperatur

Eisigkalt fegt der Wind
Über den Weg hinweg
Doch der Schmerz vergeht nicht
Denn Dreck, er tritt sich fest!

Entgegen

Entgegen dem Strom
Entgegen dem Wind
Entgegen der Zeit –
So wie es scheint, scheine ich –
Fürs Entgegen gemacht zu sein!

Entgegen der Laufrichtung
Entgegen der Gedankenverdichtung!
Entgegen den Regeln
Entgegen den Wegen

Entgegen dem Regen
Entgegen dem Streben
Entgegen der Zeit –
So wie es scheint, scheine ich –
Für Entgegen gemacht zu sein!

Entgegen mir selbst
Nur du selbst
Hilfst dir auf –
Wenn du fällst!

Wer bin ich?

Wer bin ich?
Wer wollte ich sein?
Was habe ich gefunden –
Danach habe ich nicht gesucht!

Was waren meine Ziele?
Was waren einmal meine Träume?
Wo habe ich mich verloren?
Wo, mich von mir entfernt?

Was macht mich glücklich?
Wann bin ich zufrieden?
Wann bringt ein Job denn;
Endlich mal Freude?

Wer war ich, wer wurde ich –
In all der Zeit?
Was ist geworden, was ist geschehen?
Was habe ich bekommen, was ist gegangen?

Weiß ich zu schätzen –
Was ich womöglich doch alles habe!?
Weiß ich zu schätzen –
Was denn noch so alles klappt?

Was will ich, was will ich eigentlich?
Was will – wohin soll es gehen?
Fragen, Fragen
Wie soll ich mich bloß verstehen!?

Matte auf dem Kopf

Dank Corona habe ich bald
Eine Matte auf dem Kopf
Vielleicht setze mir dann –
Auf meine Platte einen Topf
Und raspele die Sträucher vom Schädel fort
Ich habe –
Eine Platte auf dem Kopf
Watte in den Ohren und
Eine Maske vor dem Mund
Nudeln und Klopapier –
Luxusleben, Leute jetzt geht es aber rund!

Kontakte bin ich schon am Meiden
Führe weder Telefonate –
Noch bin ich Briefe am Schreiben
Kontakt vermeiden, Ausgangssperren
Die Matte wächst am Kopf
Wer soll mich später dennoch wiedererkennen?
Fernseher bleibt aus
Spiegel hänge ich ab
Radio bleibt auf stumm
Kontakt meiden mit allen Mitteln –
Bekomm ja nix mehr mit von der Außenwelt
Das ist ja schon irgendwie dumm!

Aber –
Die Matte auf dem Kopf
Die wächst und wächst, gedeiht
Vielleicht öffnet ja wieder der Frisör
Im Oktober 2021 – in der Herbstzeit

Glückspilz im Pech-Gebiet

Ich habe es schon
Sei langer Zeit an den Nerven
Habe keine Kraft und auch keine Muse mehr
Mich ständig zu erklären
Mein Kummer zwingt mich
Schwere Last zu tragen
Schon so viele Jahre –
Momente meiner Lebenslagen

Habe in meinem Leben
Schon so manches verkackt!
Immer den Griff daneben
Und die in die Scheiße gepackt!
Doch ich hege und pflege
Meinen Draht zur Sprache –
Das Wort, die Schrift
Was ich doch so lieb'
Ein Glück, das ich fand, bin scheinbar ein
Glückspilz im Pech-Gebiet!

Die Depression ist von außen nicht sichtbar
Doch sie ist in mir!
Vielleicht besetzt der Teufel den Platz der Liebe
In mir!?
Habe immer gedacht, geglaubt, gehofft, dass
Mein Leben sich mal ändert
Doch all die Trauer, der Schmerz, das Leid
Es hat mein Leben in die Dunkelheit verändert!

Es sind diese Lieder

Es sind diese vertrauten Lieder
Die einem Kraft geben, aufs Neue
Immer wieder!

Doch manchmal sind es auch neue Strophen
Die in unseren Ohren erklingen und sind genau –
Das, was wir in dem Moment brauchen
Was sie und bringen
Zeilen die von Kraft und Hoffnung singen!

Es gibt Lieder, die wahrlich Leben retten!
Die uns losreisen, von all den gespannten Ketten!
Die, Trost und Zuversicht innehaben
Die, Hoffnung und Mut mit sich tragen!

Zeilen und Melodien
Die das Herz berühren
Die durch und durch gehen –
Durch Seele, Herz und Nieren!

Lieder mit diesem,
verdammt geilen ~ Gänsehauteffekt ~
Menschen die so etwas nicht fühlen
Sind womöglich „emotionsdefekt"!

So zeitlos

Die Tage
Sie ziehen vorbei
Die Zeit im Rausch
Sie denkt sich nix dabei!

Herbst liegt zurück
Winter neigt sich dem Ende
Frühjahr kommt –
Und bleibt bis ins Sommerglück!

Die Zeit
Sie wirkt so zeitlos
Sie kommt und zieht vorbei
Hält nix fest, nimmt nix mit
Nur die Erinnerung an sie,
die bleibt!

Was ist bedeutsam in –
All der Vergänglichkeit?
Auch die Zukunft, gerät mal
In die Vergessenheit!

Zeit – nicht greifbar!
Zeit – verändert!
Dich! Mich! Sich!
Was bleibt denn; letztendlich!?

Traurigkeit

Störung im Kopf!
Zu viel für das Herz!
Leid gesehen, Leid ertragen
Kummer und Schmerz mein Gefühl so vieler Tage!

Bilder verblassen!
in Erinnerung sie bleiben!
Qual und Schmerz –
Kann nicht anders wie, dies zu schreiben!

Falsche Menschen!
Zu intensiv investiert!
Ich stelle die Reklamation doch –
Man bekommt sein Leben niemals storniert!

Viel gegeben, viel verloren!
Der Schmerz sitzt seelentief!
Eine Katastrophe jagt die nächste
Alles lief! Nur für mich halt stetig leider schief!

Jetzt trage ich Kummer
Schwer das Herz!
Traurigkeit und Depression –
So stark wiegt der ganze Schmerz!

Liebe Leserinnen und liebe Leser,

soeben haben Sie die Reise des Buches beendet.
Ich hoffe und wünsche, dass die Vielfalt der lyrischen
Schriftstücke, die Dichtkunst, Ihnen gefallen hat.

Wenn Sie meine Gedichte mögen und sie Sie
ansprechen, es bestehen 20 Bände - in meiner
Sammelreihe ENTGEGEN DER ZEIT.

Das Schreiben ist für mich genau das, was dieses Buch –
DICHTKUNST – Ihnen bereitstellt. Es ist Vielfalt, es
ist aus vielerlei Blickwinkeln des Lebens beschrieben –
sei es autobiographisch, negativ wie aber auch positiv
oder sei es schlicht und einfache Poesie, es ist meine Art
vom Schreiben.

Ich liebe die Schriftstellerei, weil sie mir so viele
Möglichkeiten bietet, mich ausdrücken zu können – und
ich denke und dem können Sie sich anschließen, diese
Vielfalt, lebe ich in jedem meiner Texte leidenschaftlich
gerne aus.

Herzliche Grüße und bis zur nächsten Reise,
freundlichst Ihr,

Christian Hofmann

LITERATOUR

So mache ich mich auf
Ich beginne, bin auf der Spur
Expedition
Meine Gedichte-Literatour

Ich begebe mich auf
Länder,- Städte,- Seelenreise
Ich dichte aus dem und über das Leben
Ganz auf meine Weise

Bilder, Eindrücke
Ich halte sie allesamt fest
So verfasse ich zu Papier
Mit jedem Wort in dieser Schrift

Meine Reise durch –
Die Städte und meine Seelenwelt
So beschreibe ich den Moment,
den mein Herz festhält

Dieses erste Schriftstück
Ist entsandt aus meiner Heimatstadt
Aus Marburg an der Lahn –
Wo meine Schreibleidenschaft den Ursprung hat

MARBURG AN DER LAHN, im Neujahr 2021
Der Blick ins neue Jahr...

IM JAHRESWECHSEL

Du wirkst so fremd
Doch bist du mir vertraut
Unbelebt und geschlossen sind die Bars
Geisterstille auf den Straßen

Vom letzten Jahr trägst du noch
Auswirkung und Lockdown-Pflicht
Oh meine Plätze ich vermisse euch
Sogar, wirklich sehnlichst

Wir müssen diese Zeit
Eine Weile lang noch überstehen
Im Frühjahr bei den ersten Sonnenstrahlen
Werden wir uns zum Schreiben, dann wiedersehen

Ich vermisse es in den Bars –
Sowie in den Cafès zu sitzen
Und in diesem kalten Winter –
Kann man auch draußen nicht sitzen!

Deine Straßen so menschenleer
Du wirkst wie eine Geisterstadt –
Doch weiß ich ja auch,
dass du es nicht alleine nur so hast

Der Jahreswechsel, er ist im Gang
Auf ein besseres Jahr – Es so nur werden kann!

MARBURG AN DER LAHN, im Neujahr 2021 –
Geschrieben im Lockdown, in seltsamer Zeit...

Add-On

Sammelwerk 20/21

Die Psyche
Die Psyche
Die Depression
Das ist meine Geschichte
Bitte hilf mir!
Depri-Trip
Nach dem Burnout

Neues Jahr, neues Glück
Es beginnt
Das Ziel erfasst
Im Alleingang
Der Tag erwacht
Vollgedonnert und betäubt
Eingeschneit

Das System Gesellschaft
Einfach und reicht
365 Tage
Tam-Tam-Geschwafel
Feind oder Freund
Hochzeit/Scheidung
Träume und Ziele

Fuer Herz und Seele – Gedichte

Der Teich im Garten
Mausus Lumpus
Schreibsucht
Zwei oder drei
Blättchen Klee
Für immer

Klamauk und Affentheater

Klamauk und Affentheater

Autobiographisch

Der Einzige
Meine Träume
Dass ich lache!
Rap-Bars zu den Beats
Leider
Schreibnot

Die Psyche

Die Psyche; sie besitzt zwei Seiten
Ich, wurde auf der falschen Seite geboren!
Es gibt die Seite, die alles erträgt und aushält
Auf dieser befinde ich mich!
Die andere Seite die in allen Belangen, über
allem drübersteht –

Warum ich weiß, dass ich auf der falschen
Seite geboren wurde?
Ganz einfach, ich habe ein hohes Mitgefühl
und ein weiches Herz –
Dadurch bedingt, schon immer gelitten und
gefühlt alle Sorte von Schmerz!
Vieles gegeben, es wurde genommen, ich habe
verloren!

Die Depression; ist wie ein schwarzes Loch
In dunkler Nacht ein heller Mond –
Und der Mond ist wie die Pupille der
Dunkelheit
Wolken die aufziehen und sich vor dem Mond
positionieren bilden das Auge der Finsternis
Und das Leben ist dunkel, wie verbrannter
Kerzendocht

Die Depression ist –
Wie ein schwarzes Loch!

Das ist meine Geschichte; ich schreibe
Gedichte – so nebenbei
Gefühle, Depri – allerhand und so allerlei!
Das sind Chaosmomente, Katastrophentage!
Alles erlebt, aus der Sicht meiner Lebenslage!

Was ich texte, was ich reime – ist von der
Seele und hart wie Steine!
Es ist nicht leicht mit den Depri-Faxen!
wie oft soll noch die Seele knacksen!?
In der Psychospirale geht's immer stetig
abwärts! Würde gerne diese Laune, diese miese
in das Gegenteil verkehren!
doch kostet es immer so viel Kraft sich
dagegen doch zu wehren!

Die Depri knüppelt rein, wie der letzte Schluck
vom Wodka – ein-fach zu viel!
Hard and heavy, fucking Bullshit-Gefühl!

Bitte hilf mir; Mir geht's dreckig schon seit
langer, langer Zeit! Seele, Herz und Nieren –
sie sind am Schmerzen von all dem Leid!
Muskeln verkrampfen, sie kribbeln und
zucken! Kopfschmerz, Brustdrücken,

Herzstechen – keinem kann ich es sagen, mit keinem drüber sprechen
Und die Schmerzen lindern oder nehmen, kann mir keiner hier im Leben!

Dieses Leid fühle ich in meinem Körper nur ganz allein! Wir leben in Menschenmasse, aber jeder stirbt für sich allein!
Jeder Tag meines Lebens, ist mit Kummer, Sorgen und Gedanken beladen!
Im Kampf gegen die Zeit und gegen den Tod, bin ich Tage am Ertragen!

Habe nie wirklich etwas gewonnen, aber alles hat man mir genommen! Du arme kleine Seele, einsam und hart doch sind deine Wege!
Jeden Tag die gleichen Gefühle, jeden Tag die gleichen Gedanken!
Wie am Faden – Gedankenstränge, sie sind unendlich lang!

Beklemmung am Herz, wundgelitten all der Schmerz! Die Seele so verkrümmt und zusammengeknäult! Von all dem Schmerz der Seele meines Körpers total verbeult!
Seelischer Totalschaden, anders kann ich es gar nicht sagen!
Sorgen und Probleme sind wie so oft das Geld!

Als wäre es das Wichtigste, in dieser
verschissenen Dreckswelt!

Ich habe gegeben, es wurde genommen!
Komme nicht mehr raus aus diesen
Elendsgedanken, Depri hat ein Netz um mich
herum gesponnen!
Gott du allein, du fühlst meinen Schmerz!
Bitte! Bitte habe Nachlass an ihm!
Hilf mir! Bitte hilf mir!
Denn auch ich kann irgendwann nicht mehr!

Depri-Trip;
Es hat mich wieder mal voll im Griff
Befinde mich auf einem Depri-Trip
Die Depression kennt keine Gnade!
Es sind düstere, finstere und trostlose Tage!
Schlechtes Gewissen, es kommt noch hinzu!
Trauer, Kummer, Angst, Versagen –
Kurz vor dem Abgrund – und es kennt kein
Tabu!

Es quält mich bis ins tiefste Leid
Schmerz am Herz, bis in die Seele tief und weit
Doch kann nicht an allen Orten zeitgleich sein!
Die Depression legt Schatten auf das
Bewusstsein – nimmt es ganz und gar doch
ein!

Das Schwere ist wie immer bei diesem Depri-
Trip
Aus dem Horror zu entkommen, der Schritt
zum Exit!

Geldprobleme und noch andere Sorgen
Lassen mich innerlich sterben, verzweifeln –
Nichts kommt mehr – nach diesem Morgen!
Großes Leid, Höllenqual, dieser Depri-Trip
Er ist nicht mein erstes Mal!

Der Winter trägt noch seinen Teil großartig
und gut dabei!
Grauer Himmel, Nebelschatten – ja einer
dieser Depri-Trips, er gibt alles was er hat!

Was ich durchlebe, dies wünsche ich keinem
Menschen – innerlich bin ich am Zerreißen, am
Brennen und das Schlimme an all dem, ich
kann vor mir selbst nicht wegrennen!

Die Depression verwirrt! Sie manipuliert
jegliche Form und Gestalt
Die Wahrnehmung ist gefälscht und trist,
ganz kalt!
Depression frisst jedes Gefühl auf!
Nährt sich von Freude und Glück, sie saugt
alles, einfach alles restlos auf!
Bringt Verzweiflung

Hinterlässt Frust, Wut, Aggression und
Trauer
Doch im Frühjahr wieder, ist das Ende deiner
Dauer!

Depressiv ist scheiße; Gedanken
Sie kommen und sie kommen –
Und sie gehen nicht!
Trübe Gedanken, sie bringen Schatten kein
Licht!
Gedanken über Gedanken!
Wo ist der Ausweg?
Dieser Weg, dort wo es raus geht!
Depressiv ist scheiße!
Depressiv ist scheiße!
Depressiv ist – wie die Freude
Bloß halt eben, von der anderen Seite!

Gefühle –
Sie täuschen und täuschen!
Führen hinter das Licht!
Wollen dich verwirren
Dich beirren!
Dich beherrschen!
DICH!
Man fühlt es
Man spürt es
Doch man ist wie machtlos in diesem Zustand!

Zur Flucht!
Zur Flucht –
Du entdeckst keinen Weg
Du siehst keine Hand!

Nach dem Burnout; ist vor dem Burnout
Seit meinem Burnout im Jahr 2014 und dem
anschließenden Aufenthalt der
psychosomatischen Klinik Wingertsberg in
Bad Homburg, ziehe ich folgende Schlüsse –
Flashback –

Warum schreibe ich dies!?
Weil ich mir sicher bin – jeden könnte es
erwischen, denn es setzt sich immer Stück für
Stück zusammen bis nix mehr geht…

Mit Überforderung, Konzentrationsstörungen
hat es zunächst harmlos begonnen.

Wie sicher jeder von uns im Leben es kennt,
gab es auch bei mir Situationen und Momente
die mir über den Kopf wuchsen.
So nahm ich ein Ereignis hin, während sich das
Nächste schon zusammenbraute.
Das Jahr 2013 – es hat mir wahrlich den
Boden unter den Füßen weggerissen und alles
mit runter gezogen was sich auf diesem Grund
befand!

Es war ein Jahr, welches privat, als auch beruflich große Veränderungen brachte. Negative, tödliche, traurige, depressive!

Ein ganzes Jahr lang, habe ich diese Momente, diese Ereignisse mit mir „herumgeschleppt". Bis, so erinnere ich mich genau in den November 2014.

Ein Tag, an dem nichts mehr ging! Hilflosigkeit, Leere, Unvermögen, Ohnmacht. Gefühle die ich hin und wieder seit dieser Zeit enorm spüre und wahrnehme!

Denn, wie soll ich sagen – ich unterzog mich zwar einer langandauernden Therapie in psychotherapeutischer Behandlung, stellenweise ging es mir auch besser, aber – Nun kommt das große ABER!

Das Leben macht keine Pause!
Das Leben passt sich auch nicht unserer einzelnen Geschwindigkeit an, d.h. das Leben achtet nicht auf unsere Gesundheit, auf unser Wohlbefinden, auf unsere Balance!

Nur wir selbst, wir können und müssen für uns Sorge tragen.

Seit dem Jahr 2019 – nehme ich wieder vieles hin, bedingt einer neuen Ausbildung, welche ich erfolgreich beendete.
Ich hetze, ich rase, ich wühle und mache und mache und mache…
Aber was mache ich nicht!?

TAKE CARE!!!

Unsere Gesellschaft, einige wissen, dass ich ein Gesellschaftskritiker bin, der bin ich auch zurecht!
Allerdings jedoch, möchte ich hier an diesem Punkt, in diesem Moment gar keine Schuld aussprechen und auch in keiner Weise Schuld zuweisen.

Ich sage und erkenne, ich habe 2020 erneut eine schwere depressive Episode, ursprünglich seit dem Jahr 2019 „verschleppt".
Ich habe versagt!

Warum ich dies alles hier verfasse und niederlege ist nicht um mich einmal wieder mehr auszukotzen – Nein!

Ich will die Botschaft mitgeben;
Ihr alle, wir alle – sind nicht allein!

Jeder von uns ist vielleicht bereits in diese Situation geschliddert, in der ich mich leider erneut befinde.

Ich will einfach nur gerne Menschen erreichen und ihnen mitteilen, alles geht vorbei!
Alles geht vorüber, niemand reißt einem den Kopf weg!

Scheitern und Versagen, so wie ich es für mich benenne, ist vielleicht hart, vielleicht gerecht –
Es ist wie es ist!

Ich bin gescheitert, ich habe Träume und Ziele und ich halte an ihnen fest –
Dieses ständige Kämpfen und Dagegenhalten, es kostet ständig meiner Kräfte!

In dieser Linie habe ich versagt, oder bin einfach nur an meine Grenze gestoßen – erneut!

TAKE CARE –
Passt auf euch auf, tragt Sorge für euch und euer Leben…

Ich hoffe und wünsche mir, dass ich im neuen Jahr wieder bessere Texte für die Seele schreiben kann und zur Verbesserung der Psyche diene.

Neues Jahr, neues Glück

Es beginnt; Das letzte Kalenderblatt
Es fällt vom Kalender ab –
Neues Format, neue Prinzipien und Linien
Ich stelle sie an den Tag

Ein neues Jahr, leere Seiten und so neu
einzudecken
Doch muss ich noch Reste beseitigen aus dem
alten Jahr, in so manchen letzten Ecken!

So weiß ich doch heute schon, beim Verfassen
dieses Textes hier
Nächstes Jahr, also am 01.01. bin ich da und
Ich reflektier!

Neues Jahr, neues Glück
Hält es das, was es verspricht!?
Wir müssen es so, wie es kommt schon
nehmen, denn es ist unser Leben!

Nehmen wir uns zusammen

Nehmen wir uns Stück für Stück
Denn alles was kommt, es ist da
Alles was geht, kommt nicht zurück!

Neues Jahr, neues Glück!
Auf der Straße Richtung Zukunft
Vom Spiegel entrichte ich
Für die Sicht nach vorne, meinen Blick!

Das Ziel erfasst; im Lauf, durch den ich –
Mit meinem Auge schaue!
Meine Träume auf die ich baue!
Ich bin es selbst, an den ich glaube!
Doch es gibt da jene, die wollen dich deiner
Träum berauben!
Wollen deine Ziele zerstören und deine Ideen
dir klauen!

Habe die Augen immer offen und deine Ohren
überall! Feinde kann man berechnen, darum
rechne mit deren Überfall! Das sind Mofos and
Hoes, un dos tres – start up and check the
commandos!

Arbeite hart an dir! Weiche niemals deinen
Blick von deinen Zielen ab! Nur weil andere
am Scheitern sind, gönnen sie dir nix man!
Doch bleibe stark, bleibe dran!

Es ist deine Reise und du gehst und kommst –
an deinem Ziel an!
Lass sie alle reden! Hör' dir alles an!
Nicke oder bleibe stumm, du hältst an deinem
Ziel fest, warum dir keiner von denen etwas
kann!

Dein verdammter Wille treibt dich an!
Für irgendwelche kleinen Pisser kleinkriegen
lassen, da denkst du nicht mal dran!
Den Kopf immer hoch zur Sonne!
Auch in harten Regentagen – es ist das Leben
Hin und wieder wird's dir auch mal in die
Fresse schlagen!

Doch alles schon gewohnt!
Herz und Seele mittlerweile aus Beton
Also worauf wartest du!?
Geh weiter! Also komm!

Bleibe stetig am Lauf, bereit für den Abzug
Checke die Lage aus – Ziel klar vor Augen!?
Dann halte drauf! Checkpoint! Etappe!
Next step im Lebenslauf!
Du willst nicht und musst nicht den Harten
markieren!
Doch du willst frei sein und fliegen, also die
Wege zum Ziel ausprobieren!

Jeder Stein der dir im Wege liegt, bau ihn an ,
an deine Strecke – nur wer seine Schritte setzt,
ist am Ende auch der, der siegt!

Du willst endlich weg! Raus! Raus aus dem
Dreck!
Dein Herz schlägt im Takt zu dem Beat!
Die Seele ist frei und fliegt!
Yeah – das ist dein Track!

Im Alleingang; Ich wollte einfach nur ein
glückliches Leben, so dass es Frau und Kind
gut geht, mein Einkommen mit den Texten zu
den Beats regeln
Denn verdammte Scheiße, ich schreibe nicht
aus Langeweile, ich fühle und lebe, jede meiner
Zeile! Kein Spaß, kein Witz – kein
Entertainment, das ist meine Berufung, scheiß
auf Gold oder Entertain-Fame!

Ich wollte nur so gerne, dass es doch gelingt
Weil es kein beschissener Job ist, sondern
Berufung, wenn die Seele erfreut und in den
Zeilen dazu noch die Wahrheit erklingt!
Denn ich erinnre mich zurück –
An die Tage ohne Lichtblick!
All die Tage ohne – aaarggghhh!
Seelenlos, gottverlassen von dem Glück!

Und auch denke ich daran, wie oft ich schon alleine stand!?
Wie oft ging ich im Alleingang!?
Wenn ich so zurückdenk', was ist aus mir geworden?
Lange nicht mehr am Lachen!
Doch es kommt immer wieder ein neuer Morgen!
Für mich, für dich, für jeden von uns!
Das trübe Leben bunt zu färben, das ist hier die Kunst!
In diesem Sinne auf dich –
Auf mich, auf jeden, auf alle! Auf uns!

Manchmal ist es eben halt die Dichte –
Die einengend auf mich wirkt!
Dann ist es an der Zeit
Dass dieser Zustand gesprengt wird!
Mit allen Mitteln, dann muss ich raus!
Ich muss raus aus dem Sumpf!
Herz, Ass – Pik ist Trump!
Bin nicht König der Welt, aber König meiner Freiheit!
Ob Sommer oder Winter, tief bei mir im Innern herrscht eine Eiszeit

Der Tag erwacht; der Tag ist noch jung
Nur meine Lebenstage sie sind schon alt

Denn die Zeit sie vergeht, sie macht keinen
Halt!
Die Zeit sie fließt im Strom der
Vergänglichkeit und dem, was noch kommt
Vieles was ich in meinem Leben habe –
Mit durchs Leben trage, es war nicht bestellt
ungewollt!

So geht's weiter Tag um Tag
Und auch Jahr für Jahr
Zukunft wird geschrieben, Vergänglichkeit –
Sie schluckt alles, was einmal war
Beständigkeit?
Ist es doch nur ein Wort – Beständigkeit!?
Denn sag schon, was letztendlich übrig bleibt!?

Im Fluss der Zeit vergeht alles doch endet nie
Vergänglichkeit und Ewigkeit gemeinsam
doch vereint im Fluss der Zeit

Vollgedonnert und betäubt;
Der Kopf ist vollgedonnert, Gedanken haben
es holprig –
Ich wirke wie betäubt, Gefühle im Stau, Worte
ohne Bedeutung
Ich höre, doch ohne einen Sinn zu verstehen
Ich bewege mich ohne zu wissen, wohin ich
gehe!

Das ist psychischer Hardstyle!
Heavy Depression, in der ich derweil –
Meiner Zeit verweil'
Niederlagen altbekannt, sind ja lange schon
nix Neues mehr
Sorgenvoll mein Leben, Geld zu brauchen, nix
an Haben, Taschen sind dauerhaft schon leer!

Eingeschneit; so ganz ins Weiß
Frostig und bitterkalt –
Die Tannen sie sind bedeckt im Winterwald
So still uns so leis'
Fällt der Schnee, er ist leicht und
Wie das Pulver so weiß

Eisigkalt ist die Winterskälte
Sie geht durch Haut zu Herz
Und bis hin zur Seele –
Kinder doch, sie singen fröhlich
Lieder erklingen aus der Kehle

Das System Gesellschaft

Einfach und reicht;
Im Leben ist nichts – wirklich einfach!
So viel was dir langt, was dir echt reicht!
Viel heiße Luft, Wind um nichts!
Alles nur so halb so schlimm, alles halb so heiß
gegessen, wie es gekocht wird –
Das hat die Zeit dir nun gezeigt!

Alles in der Toleranz, im Rahmen, in der
Norm!
Nur Lügen, diese entstellen! Sie verändern so
unschön jede Form!
So viele Blender! Fassaden – die nix tun!
Aber immer freundlich-schleimig JA und
AMEN sagen!

Alles nur jene, die einen um den Finger
wickeln wollen!
Die einem alles erzählen, alles was wir doch
glauben sollen!

Große Versprechen, Lügen- und
Intrigennetze!
Scheinheiliges Getue, bei Verbreitung all der
Hetze!

365 Tage;
Das System Leben und die scheinheilige
Moral! Der Mensch geschichtet – in der Regel,
Norm und Zahl!
Eingebunden lediglich zum Geld bezahlen!
Ausbildung machen, noch Stolz und Frohmut
im Gesicht –
Dann später ein Malocher und Knecht für
Vaterstaat man nur noch ist!

Steuerzahlen, Ware im Einkaufswagen!
8 Arbeitsstunden-Tag und plus x, so lange ist
eine Tagesschicht!
Stress, Hektik, Burnout, Arbeitswelt
In der du ordentlich gefickt wirst!

Können und tun sollst du!
Alles wird von dir verlangt!
Fehler machen darfst du nicht!
Dies wird die vorgehalten, mit Spott bedankt!
Fleißig die Schnauze halten!
Es zählen lediglich die Geldabgaben!
Funktionieren sollst du im Jahr – an 365
Tagen!

Doppelschichten – kein Problem!
Bei der Maloche, werden Überstunden doch so
gern gesehen!
Wirst abgespeist mit deinem Billiglohn!
Sollst noch Danke dafür sagen, als ob sie dir
eine Wohltat, etwas Gutes tun!

Versicherungen und Banken
Die sich für deine Kohle bedanken!
Ratenabzahlung, Kredit gewährt
Rechnung kommt, in Folge noch die
Mahngebühr!
Herzlich willkommen zur Ausbeute des
Lebens!
Und nun raus, aus der Tür mit dir!

Tam-Tam-Geschwafel;
Jedes Jahr, so spricht man die Floskel –
„Frohes neues Jahr"!
Als ob es immer, denn so froh danach auch
war!?
Dieser Spruch, er ist so standardalt von der
Kette!
Wie das Sagen; „Guten Morgen, Guten Tag
und Gute Nacht" – als ob man davon etwas
hätte!?

Frohes neues Jahr!
Gesundheit, Glück und Geld!
Leute –
Jedes Jahr die gleiche Pose, in doch
Ein und derselben Welt!
Standardsprüche, Standard Palaver!
Drücke mal kräftig die Spülung durch!
Für die Fäkalien und den Kadaver!

Jedes Jahr die gleiche Farce!
Ein Dummer, er wird gesucht –
Bei dem man sagen kann; „Er war's"!

Es wird geschleimt
Tam-Tam-Geschwafel!
Reichlich gedeckt ist und bleibt lediglich
Immer doch der Reichen – Tafel!
Dummes Gelaber, Oberflächen-Gekratze!
Reden ohne was zu sagen
Gefasel, Phrase – so dumm am Schwatzen!

Feind oder Freund;
Das Leben enttäuscht!
Die Menschen haben getäuscht!
Who is the friend, who is the foe?
Wer spielt eine Show?
Wer stiehlt dir deine Energie?
Wer hat deine Träume, mit dir gelebt und
auch geträumt!?

Wer von damals –
Steht an deiner Seite noch heut?
Sie kommen alle –
Immer nur in aller Freud'
Im Leid, da bist du dann allein –
Solche Leute, können einem echt gestohlen
bleib'n

Hochzeit/Scheidung; Hochzeit –
Schala lala la!
Scheidung – Nana nana na!
Geschenkeaufteilung – Tralla lala la!
Der Mensch erscheint einsam –
Auf der Lebenssuche für zweisam!
Zusammen versuchen, in Kompromissen
erlegen! Gelingen oder scheitern irgendwo
dazwischen oder daneben!

Lichtblicke, die braucht man im
Tunnelmoment
Feuerlöscher! Wenn die ganze Stimmung
kippt und Feuer fängt, somit das Gemüt
erhitzt und Gefühl in Hitze brennt!

Festgefahren oder freibeweglich!?
Stillschweigen oder sag ich was und red' ich!?
Im Kreis, im Kreis – ist das Leben,
darin bewegt sich's!

Kerzenlicht und Abendessen
Ehre bricht und so manches wird vergessen!
Schattengrau, Trübsal – alles so mühsam!
Feinjustieren, drehe um ein µ an!
Manchmal auf die Sekunde, großer Schritt
Den Letzten beißen die Hunde, Bisswunde –
Einmal nähen bis zum letzten Stich

Party geplant, Party im Gange –
Party abgehakt!
Im Abseits verweilen, schon lange vertagt!
Das alles ist Leben, lebte, lebt und wird leben!
Solange Menschen kommen und gehen, wird
es diese Situationen geben!

Träume und Ziele; im Kreis, zum Quadrat
An allen Kanten in jeder Ecke!
In diesem Leben ist es – so oder so
Irgendetwas bleibt bei allem auf der Strecke!
Egal wie man sich auch bemüht
Die Pflanze geht ein
Wenn sie nicht mehr blüht!

Es fließt kein Verkehr –
Wenn kein Wagen mehr rollt
Es wäre ohne Wert –
Hätte jeder Haushalt eine Tonne voll Gold!

Ohne Werbung, ohne Medien
Wahrscheinlich keine Bestseller
Die Etagen werden immer gebaut auf –
Erdgeschoss, auf den Keller!

Ohne Visionen und ohne Träume –
Womöglich keine Ziele, kein Antrieb
Jede Heimat wird fern,
wenn man in die große Weite zieht!

Fuer Herz und Seele – Gedichte

Der Teich im Garten

Der Teich im Garten
Er liegt still
Im Sommer wie im Winter
Bei Sonne und bei Schnee

Die Heimat von Fisch und Frosch
Von Larve und Insekt
Abgeschnitten von der großen Welt
Doch es langt, alles ist perfekt!

Wespe, Biene und Hummel
Libelle, Schmetterling, im Getümmel
Wasserläufer, Ameisen, Grashüpfer
So viel Leben, doch so kleiner Krümel
Mausus Lumpus

Deine kleinen blauen Kinderaugen
In die ich beim Spielen mit dir –
Immer wieder hineinschaue

Dein kleines Händchen
Welches tastet, welches entdeckt
Welches so vertraut und nicht
Im Misstrauen erschreckt

Dein kleines Lächeln
Dein Grinsen, deine ersten Töne
Dein leises Brabbeln
Was ich doch auch höre

Du kleiner Stern
Hier in dieser Welt
Der Schatten und Dunkelheit –
Doch wärmt und erhellt

Meine Hände
Werden deine Kleinen begleiten
Bis zum letzten Schritt des Weges,
an dem du beginnst, ihn alleine nun zu
bestreiten

Schreibsucht

Seit dem Jahr 2006
Begleitet mich Feder und Tinte
Aus Interesse wurde Hobby –
Aus dem Hobby Leidenschaft die bindet

Die Musik war mein Weg zur Lyrik
Das Schreiben wurde eine Selbsttherapie
Mit jedem neuen Text, werde ich freier –
Frei wie bisher noch nie!

Der Schmerz bekam Farbe –
Nämlich Tintenblau
Der Weg meiner verfassten Texte
Ein Weg, auf den ich gerne zurückschau

Heute bin ich süchtig!
Sauerstoffjunkie –
Nach Burnout und Depression, brauche ich
Frische Luft, mehr als je zuvor!

Ich bin süchtig
Nach Worten, die meine Zeilen sprechen
Süchtig, Schreibsüchtig
Um meine Seele zu retten!

Zwei oder drei

Die Kostbarkeit der Kindheit
Sie schätzt man im zunehmenden Alter
Doch immer mehr!
man erinnert sich zurück, an manchen Tag
So gern, so sehr!

Unbeschwert und frei
Genauso zieht die Zeit vorbei
Sie macht keinen Halt, nimmt alles mit
Ihr ist kein Weg zu weit –
Nicht zu viel ein jeder Schritt!

Die Zeit vergeht, das Kind –
Es wird erwachsen
Alles zieht so wie im Rausch vorbei
Ach wäre ich doch nochmal so zwei,
oder drei – Jahre alt!

Dann wäre das Leben noch so schön –
Bunt und freundlich, als wie so hart,
hässlich und kalt an manchen Tagen!

Blättchen Klee

Im Winter fällt der Schnee
Von innen, schön durchs Fenster,
ist es anzusehen –
Bei einer warmen Tasse Tee

Im Frühjahr wenn alles –
Wieder schön am Blühen ist,
dann pflücke ich das Glück –
Mit dem Blättchen Klee

Im Sommer dann beim,
warmen Sonnenschein –
Lasse ich den Sommer
Und die Wärme ins Herz hinein

Sonne auf Haut und Seele
Es ist der Sommer,
den ich so liebe, nach dem ich mich –
Im Winter schon sehr sehne!

Für immer

Abgeholzt liegen im Wald –
So viele Bäume!
Verlassen und doch auch geheimnisvoll,
wie lang stillliegende Träume!

Die Dunkelheit
Sie versteckt das Licht
Alles bleibt verborgen, alles –
Was ohne Licht nicht zu sehen ist!

Alles fließt im Fluss der Zeit
Gestern war – ist Vergänglichkeit
Morgen kommt –
Liegt in der Zukunft weit

Unser Leben bietet viel
Doch oft, ja oft vergessen wir unser Gefühl!
Alles da –
Alles klar!

Selbstverständlich doch,
wie immer!
Doch nur nach dem Leben
Ist wirklich doch – für immer!

Klamauk und Affentheater

Klamauk und Affentheater

Ich hatte mal einen Lehrer —
Der hatte wenig Bock auf Unterricht!
Also nutzte er jede Stunde um uns zu entertainen!
Mit allerlei Stories von sich!
Er war Anfang 50 und erzählte —
Wie ein toller Hecht er doch sei!
Datet Frauen bei Dating-Apps —
Betreibt Stalking und spioniert sie aus, so nebenbei!

Er war am Labern und am Labern
Wie toll der doch sei, Abra Kadabra — Bla-Bla!
Er kaufe sich 10-Mal das gleiche T-Shirt von Lacoste!
In allen Farben, um es möglichst lange zu tragen!?
Den Sinn davon, hat keiner von uns kapiert!
Er hat sich mächtig stolz damit brüskiert!
Flugzeug-Apps präsentiert er am Laptop, über den Beamer!
So verfolgt er Flüge! Alles klar, super toll! Ja prima!

Applaus, Applaus —

Nur hieß der Lehrer Heinzen und nicht Klaus!
Von seinen beiden Söhnen und Madeira —
Davon hat er auch berichtet und Bilder gezeigt!
Und über Eisenbahnen aus der Kriegszeit, Nürnberg
Und dazu noch so allerlei!

Wieder ging so mal, eine ganze Schulstunde drauf!
Dieser Lehrer dachte, er sei Komiker und Erzähler!
So ging Stunde für Stunde der ganze Unterricht drauf!
Meine Mitschülerinnen machte er auch vorsichtig an!
Diese beschwerten sich in den Pausen bei uns Jungs —
Aber geändert wurde weiter nix daran!

Liebe Grüße an dich Heinzen!
Bist ein Vollidiot, das vom Allerfeinsten!
Dein Klamauk und Affentheater —
War ein Möchtegern-Gorilla-Spektakel!

Autobio-
graphisch

Der Einzige

Mein gesundheitlicher Zustand, so wie ich mich fühle —
Wie ich es hier beschreibe, festgehalten —
Mit dem Wort in jeder Zeile!
Meine Augen schmerzen, sie sehen nicht mehr klar!
Die linke Schläfe so verhärtet, nehme nur Schmerzen im
Kopf noch wahr!
Morgens wenn ich erwache, ist der Kopfschmerz wieder
oder immer noch da!
Gedanken und Sorgen bis Anschlag! So beginnt mein Tag!

So zieht es sich durch — Tag für Tag, Woche für Woche,
Monat für Monat — ein Leben ohne Schmerz,
weiß ich schon gar nicht mehr wie es war!
Er ist der Druck der Gesellschaft, auch Druck den ich mir
selbst mach!
Immer gebunden, immer eingespannt!
Für das was ich will, was ich träume —
Bleibt keine Zeit mehr — vom Gesamt!

Möchte bei meiner Arbeit meiner Berufung folgen
Und will keinen Job, den auch andere schon nicht wollten!
Unzufriedenheit, Hass und Wut — sie sind stets die Folgen!

Fühle mich allein und nicht wirklich ernst genommen!
Wenn ich Träumen, Zielen und meiner Vorstellung vom
Leben spreche; haben immer wieder deren Antworten und
Ansichten von vorn begonnen!
Kannst du nicht!
Schaffst du nicht!
Wird nicht und träume nicht!
Das Leben ist kein Wunschkonzert!
Nein das ist es nicht, aber es ist mein Leben —
Und die Bestimmung dessen, trage ich!!!

Mit Demotivation, baut man keine Menschen auf!
Aber ALLE wollen immer, dass ich alles gebe —
Das nehme ich aber nicht mehr so in Kauf!
Ich mache mein Ding!
Bin der Einzige, der an mich glaubt! Keiner hilft hier einem!
Reden ALLE nur einen nieder! Weil sie selbst doch
gescheitert sind!
Und weil mein eiserner Wille und mein Ziel — auch
zweifelsohne, Neid erbringt!

Ich habe meine Träume und meine Ziele
Für sie stetig zu kämpfen, ist das Härteste in meinem Leben
Ihr wolltet es so, jetzt müsst ihr es so nehmen!

Ich will nicht mein Leben lang im Gesellschaftsmuster
verharren!
Fühle mich wie gesteuert, programmiert und gefangen!
Dafür bin ICH NICHT gemacht!
Es ist MEIN LEBEN!
Es kommt der Tag, an dem ich über all diese Scheiße lach!

Meine Träume

Ich halte weiter fest an meinen Zielen
Schippe drauflegen und dabei —
Noch stärker fokussieren!
Ich gebe lediglich die Träumerei nun auf!
Träume waren schön zu haben —
Doch ich konnte mir nichts von ihnen kaufen!

Ich glaube auch nicht an ein Wunderwerk!
Und sorry, an Wunder — glaube ich schon lang nicht mehr!
Da waren Träume, Stationen,
Motivationen, Illusionen, Depressionen!
In diesem Leben passiert so oder alles — was man weder
In irgendeiner Form braucht oder will!
So ist leider die Realität —
Knallhart, wenn man läuft und prallt
Gegen allen rauen Wind!
Meine Ziele gebe ich nicht auf
Gegen den Strom, gegen alles schon gerannt —
Nahm so viele Scheiße dafür im Endeffekt in Kauf!

Dass ich lache!

In meinem Leben gibt's scheinbar nix
Echt nix, was für ewig hält!?
Schon seit dem Beginn meines Weges —
Er ist wie Quasimodo, total entstellt!
Bekam nach getaner Arbeit immer Entgelt
Doch Miese und Raten am Konto, Leere was mein Leben —
So reichlich doch enthält!

So viele die den Weg mit mir bestreiten wollten
Von denen ist heute nix mehr zu sehen
Ich wollte und werde mein Ding machen
Wenn ich es sage, mach ich es, bin nicht nur am Reden!
Ich arbeite und stottere die Stunden ab! Harte Arbeit —
Die sich doch lohnt, die sich am Ende auch bezahlt macht!
Habe es schon damals mir geschworen, es kommt der Tag,
an dem ich oben stehe und mich über all den Scheiß lach,
der mich momentan noch kaputt macht!

Vom Ghettoberg, Ernst-Lemmer-Straße, Sachsenring in
Marburg Wehrda! Wenn es mir gut geht und vor der Tür
steht, frag ich euch, was!? Wer da!?

Rap-Bars zu den Beats

Mit Geldproblemen abends schlafen gehen!
Mit Geldsorgen, wache ich am Morgen danach wieder auf!

Ich will raus aus diesem Elend und zwar schneller als man glaubt!
Ich muss raus aus diesem Scheiß! Viele Chancen auch leider schon verbaut!

Wie oft war ich schon der Bruchpilot!?
Wie oft ein Phönix, der aus der Asche wieder gestiegen ist — empor! Habe gepoltert, es hat gedonnert —
Ich brauche keinen Hammer, bei mir schlägt es auch ohne
Wer ist Thor!?

Mein Leben ist längst betäubt
Fehler gemacht und auch Fehler bereut!
Doch war dies alles gestern!
und ich lebe heut`!
Mein halbes Leben in Angst und Depression verbracht!
Finanziell gefickt!
Geschlachtet wie ein Schwein, ausgenommen wie eine Gans!
Doch keiner hat von meinem Leben, nur den Hauch einer Ahnung, nie gesoffen, nix geraucht —
Was ist rausgekommen!?
Alles! Nur nix was du gebrauchen kannst!

Mein Leben verfasst;
Im Buch und Rap in Bars — zu den Beats meine ganzen Parts!

Der Lebensunterhalt er ist teuer, sollst nur bezahlen und
bezahlen und von dem NIX — was dann über bleibt, davon
sollst du dann sparen!

Teures Drecksleben! Weil sie auf dich nur einen Fuck geben!
Doch die Banken yeah!
Sie verwalten die ganze Kohle!
Na dann; PROST!
Zum gesellschaftlichen Wohle!
Pfandflaschen sammeln, sind Peanuts!
Ein Tropfen auf den heißen Stein!
Reich und wohlhabend im Sinne von Schotter —
Das wirst du hier niemals sein!
Dafür ist schon gesorgt!
Vaterstaat verwaltet deinen Schotter, deinen Kies —
Darum wird bei ihm doch wohlgesorgt!

Deutschland!
Europa
Global-amerika
Dieser Text ist euer Repräsentantenhaus
Fresst die Scheine!
Erstickt daran und scheißt sie wieder kräftig aus!

Leider

Leider kann ich zurzeit keine lustigen Texte schreiben
Es ist zu viel was mich aufwühlt, bin innerlich am Leiden!

Schwer die Umstände, hart und eisig sind die Zeiten!
Ja ich weiß, bin mir auch ganz sicher, fühle diese Scheiße
nicht alleine!
Alles wird gut, alles wird gut — hoffe ich, kann gebrauchen
Wahrhaftig beileibe!

So viele die mir ständig dareinreden und mir sagen —
Was auch versuche nix bringt!
Doch ich bin und bleibe mein Antrieb im Aufwind!
Ich bin die Hitze, die dem Eisblock den Tau bringt!
Und wenn ich meinen Weg dann gehe, könnt ihr sehen
Dass ich es bin, der aus Ferne auch winkt!

Doch aktuell sind die Zeiten noch hart und beschissen!
Um Kisten zu stapeln, beginnst du auch mit der ersten
Kiste!
Erst kommt das Tal und dann kommen die Berge
Und steht man am Gipfel, sind errichtet und vollendet die
Werke!

Doch vor jeder Schatzsuche, muss erst gegraben werden!
Nichts fällt vom Himmel, weder Glück noch das Geld

Nur die Scheiße der obersten Reihe —
Diese verteilt sich so weit, auf der ganzen Welt!

Wir sind die Säulen, für die reiche Belegschaft da oben —
Doch wenn wir mal brechen, dann fällt der Hobel!

Wir sind die Kaninchen für deren Versuche —
Das ist mein Hass, meine Wut, warum ich so fluche!

Die fördern meine Wut und Aggressionen!
Darum mach ich auch nie Sabbat, es sind Schreibmissionen!
Denn ist längst an der Zeit, längst schon überfällig
Um jeden von denen — von ihrem Ross, runterzuholen!

Die lutschen und löffeln den Trüffel
Wir sind die Masse in Aspik!
Ich fick euch in den Texten, die haben nämlich —
Den besonderen Kick!

Und so eine Scheiße ja man! Ich wollte nicht mehr fluchen
Zumindest es versuchen!
Doch in meiner Gesellschaftskritik, kann ich diese
Ungerechtigkeit nicht anders verbuchen!

Schreibnot

Es ist egal, wie hart das Leben sein kann
Was auch passiert, es der Glaube AN DICH SELBST
Den darfst du niemals verlieren!
Merke dir das!

Manche sagen es ist ein Hobby
Oder auch ein Zeitvertreib!
Doch für mich ist es weitaus mehr!

Teil meines Lebens, Leidenschaft vielleicht —
Etwas Beibrot!
Wo wäre ich bloß ohne sie — meine Schreibnot!

Ich halte ganz ruhig und bleibe still
Doch ich halte weiter drauf — dann hole ich aus!
Das letzte kleine Bisschen von mir, befindet sich hier —
Im AUSVERKAUF!
Neue Regeln die ich für mich selbst nun bestimme!
Halte nun die Fresse, mein Wissen was ich habe, ich halte
es inne!

Das ist der Erfolg — Weg zum Ziel bis ich gewinne!
Mein Körper der fühlt, verleihe Kraft und Ausdruck voll und
ganz meiner Stimme!

Alles im Leben beginnt!
Alles im Leben zieht vorbei!
Ich werde für die Ficker wie die Zeit — wertvoll doch,
zum Greifen nicht mehr da, denn ich ziehe weiter —
Und zwar weg, ganz weit!
Ich lasse mich nicht unterkriegen und dazu schon —
Gar nicht verbiegen!
Erst aus jeder erlebten Niederlage schätzt man das Siegen!
Ich gehe weiter, bleibe niemals stehen!
Solange ich lebe werde ich kämpfen und meine Wege
gehen!